卖手成交思维

64套爆单话术教您成为销售冠军

刘建林 著

北京工业大学出版社

图书在版编目（CIP）数据

卖手成交思维 / 刘建林著 . -- 北京：北京工业大学出版社, 2023.11
ISBN 978-7-5639-8576-0

Ⅰ.①卖… Ⅱ.①刘… Ⅲ.①销售策略 Ⅳ.
①F713.3

中国国家版本馆 CIP 数据核字 (2023) 第 186159 号

卖手成交思维
MAISHOU CHENGJIAO SIWEI

著　　者：	刘建林
策划编辑：	郑　毅
责任编辑：	孙　勃
特约策划：	张　杰
封面设计：	视觉传达
出版发行：	北京工业大学出版社
	（北京市朝阳区平乐园 100 号　邮编：100124）
	010-67391722（传真）　　bgdcbs@sina.com
经销单位：	全国各地新华书店
承印单位：	香河县宏润印刷有限公司
开　　本：	710 毫米 ×1000 毫米　1/16
印　　张：	15.5
字　　数：	218 千字
版　　次：	2023 年 11 月第 1 版
印　　次：	2023 年 11 月第 1 次印刷
标准书号：	ISBN 978-7-5639-8576-0
定　　价：	68.00 元

版权所有　翻印必究
（如发现印装质量问题，请寄本社发行部调换　010-67391106）

前言

本书的源起是我的一条标题为《如何阶梯式报价》的短视频。该短视频在平台的播放量突破了千万，而且有大量的私信留言，都是咨询如何应对销售过程中出现的一系列问题的。这说明，大量的销售人员渴望学习，特别是很多品牌的经销商团队渴望学习真正能落地实战的销售技能，从而提升整个团队的业绩。所以，我把所有经过品牌公司实践并证明行之有效的销售话术提炼出来，整理、总结成书，希望帮助更多的销售团队获得成长，并取得成果。

话术，就是讲话的技术与逻辑结构，它具有可复制的特点，经过背诵、演练后，可以在短时间内快速提升团队的销售能力。好的话术，底层逻辑是好的销售思维。我们常常说："产品是死的，人是活的。"我们一切的销售话术都要围绕着"人"去设计，所有的产品都是在解决"人"的弱点问题，并给顾客的生活与工作带来改变。记住，顾客买的不是产品，买的是产品给自己带来的改变，顾客之所以愿意掏钱，是为了"改变"。

货架上摆放着两个无线话筒，一个话筒的标价是 500 元，另一个话筒的标价则是 800 元。如果没有销售人员去介绍，顾客大概率会选择 500 元的话筒，因为它足够便宜。但是，如果有销售人员告诉顾客，这款价格 500 元的话筒的传输距离只有 50 米，稍微走远一些，声音就会出现断断

卖手成交思维

续续的情况，而800元的话筒的传输距离可以达到200米，即便在会场走动，也不会影响声音的质量，这样会让顾客的课程质量大大提升，会有越来越多的人愿意邀请顾客去讲课，顾客的口碑会越来越好，收入也就越来越高。很显然，顾客会购买800元的无线话筒，因为他可以通过这个话筒"改变"他的收入。

先说顾客的"痛点"，再说产品的"卖点"，从而给顾客带来"改变"，这就是一套非常好的话术，它是可以复制的。而这套话术的底层逻辑是"产品是用来为人解决问题的"，痛点就是问题，解决问题就是改变。

因此，在销售中，一言能成交，一言能"断交"。说得好，赢得客户的喜欢和认可；说得不好，气跑客户，门庭冷落。

做销售，不是口若悬河，不是实话实说就能打动客户，不是卖弄技巧就能促成交易，不是交易完成就万事大吉，这里面藏着说话技巧与底层逻辑。真正有效的销售话术可以让别人信赖你，从而信赖你的产品和服务。

销售靠的是口才与传播，但决定口才与传播的是话术。

不会说话，就做不好销售。真正会说话的团队，通常都是系统学习过话术的。

邀请客户时该如何说？拜访客户时该如何说？开场白如何说？

客户进了门店时该如何说？客户不认同产品时该如何说？客户觉得产品贵时该如何说？

面对不同的客户时该如何说？在不同的场景时该如何说？不同的时间节点如何说？

赞美的话如何说？认同的话如何说？反问的话如何说？

成交之前如何说？成交时刻如何说？成交之后如何说？

……

任意一个细节的完成程度，都可能决定一次销售的成败。所以，销售其实就是一个完美沟通与说服的过程，每一次成功的销售都需要卖家掌握绝妙的话术。能说、会说、巧说，句句话都能打动客户。察言观色攻心，每句话都能说到客户心坎上。掂量每一句话语，设计好每一场谈话。说准了，客户就会听你的建议；说对了，卖什么都可能成交。

解决上面这些问题就是本书要做的事。本书结合了笔者在过去10年间服务的品牌客户的真实案例，围绕销售过程中"销售团队如何将话说到客户心里去""如何通过正确的话术去挖掘客户需求""如何设计自己公司的销售话术让产品大卖""公司如何激励自己的员工，让其对公司产生归属感"等几大核心内容，全面阐述了团队在销售过程中的说话技巧与底层逻辑。

本书的主要内容包括销售团队面对不同客户的不同应对方法、如何了解客户需求、做好产品介绍的方法、客户消费心理的把握、消除客户购买顾虑的方法、价格谈判的策略、应对客户拒绝的方法，以及售后服务、团队激励、门店合伙等方面的知识。

笔者从一个销售"小白"一路成长众多品牌销售辅导专家，本书不仅涵盖了销售专业知识和销售过程中的签单技巧，还对销售过程中发生频率较高的现象进行了详细的解读，对话术案例进行了分析。无论是刚入门的销售"小白"还是销售精英，都可以从本书的案例和技巧中学会如何成为销售中的"卖手"而不是"杀手"。

当然，要学会销售的正确话术，离不开知行合一，毕竟"纸上得来终觉浅，绝知此事要躬行"。当你通过本书掌握了相应的销售理论与技能后，就需要在实战中去运用它，并不断完善它，因为销售能力是能够通过不断实践而得到提升的。

希望每个销售团队与品牌公司都能从本书中受益，在开单的路上依靠自己的语言能力与逻辑思维去提升销售额，拓宽自己的销售领域。

目 录

第一章　用超级话术给销售团队赋能

销售的本质是解决问题 / 2

高手销售要从商品的三大属性切入 / 6

改掉你的否定思维，学会"认同" / 9

找对参照物，东西再贵也能卖出去 / 11

让客户感受到你的专业性很重要 / 14

销售基本功：说清楚你的产品卖点 / 19

让数字说话更值得信赖 / 22

销售的四大心态解析 / 24

销售的万能公式：十步闭环流程 / 27

第二章　销售要用话术拉近与客户之间的距离

用好"品牌开场"，你就赢了一半 / 32

换位思考，挖掘客户真正的需求 / 37

想多成交就要多说技术型话术 / 39

少问产品性问题，多问背景性问题 / 43

开门五定法则：通过聊天挖掘需求 / 46

一则故事看懂如何正确了解客户需求 / 48

"一问一答一赞美"快速拉近与客户的距离 / 51

"见人说人话，见鬼说鬼话"是个真理 / 53

倾听是一种无言的赞美 / 55

成交大客户，必须先要建立亲和力 / 57

高级销售从来不能说"没有" / 59

销售会讲故事，99% 的客户能成交 / 62

唤起客户好奇心，并将它转化为购买欲望 / 65

如何巧妙应对客户对产品的质疑 / 68

第三章 从卖点倒推，设计你的超级话术

好产品，卖给有痛点的客户 / 72

你要找到属于自己的目标客户 / 75

如何区分卖点和好处 / 78

设定好参照物，给客户"占便宜"的感觉 / 81

服务也可以设计成品牌的卖点 / 84

你给客户"面子"，客户才会给你钱 / 86

搜集信息，给用户画像 / 88

第四章 营销2.0，用超级话术打造个人IP

销售就是"卖自己"，打造个人 IP / 92

先给予客户尊崇，再谈生意 / 96

用"关心"来管理并预约你的客户 / 98

报价是成交的命脉所在 / 101

销售最忌讳直线思维 / 104

客户嫌"贵"，如何卖 / 106

用服务去成交已成趋势 / 110

如何对客户不同心理进行逐个击破 / 113

逼单成交的秘诀：制造紧迫感 / 116

找对刚需客群，提高销售的精准度 / 119

客单价翻番的利器：诊断 + 原理 + 方案 / 122

第五章　超级话术让产品价值倍增

将观念植入产品中 / 128

结合需求讲产品，让客户感觉到有利可图 / 131

如何提高产品客单价 / 133

一定要让客户瞬间感受到卖点 / 136

用 FABE 销售法则塑造产品价值 / 139

如何凸显产品卖点 / 142

赠送小礼物能起大作用 / 145

吹嘘产品是最没底气的行为 / 149

第六章　客户的兴趣点，才是你的卖点

以人为本的销售才能走得长远 / 154

如何赢得用户的忠诚度与转介绍 / 157

让产品的细节带给客户极致体验 / 163

成交不是绝交，售后管理也是营销流程中的一环 / 165

如何应对客户的货比三家 / 168

营销不能等，唯快不破 / 172

卖产品之前，先学会认同客户 / 175

一定要说出产品背后的价值 / 177

第七章　如何打造你的邀约引流话术

如何打造实体店私域流量 / 182

通过异业联盟引流拓客 / 187

短视频引流不简单 / 190

电话营销成功邀约的关键点 / 193

为何门店客户会流失 / 196

如何帮助加盟商提升销售业绩 / 199

"最后一天大甩卖"的销售秘密 / 201

合伙是销售的另一种打法 / 203

第八章　先服务自己人，再去拓展客户

通过绩效考核提升销售团队的执行力 / 208

内部竞赛可以激励销售团队，让其知行合一 / 211

成交大单的利器：销售漏斗 / 213

让员工不断成长是最好的激励 / 215

辅助销售团队成为事业合伙人 / 218

从永辉模式学习如何提升员工积极性 / 222

员工第一，客户第二 / 224

把销售团队当成战友 / 227

尊重员工的企业才能走得长远 / 229

第一章
用超级话术给销售团队赋能

销售的本质是解决问题

现在有两瓶饮用水摆在货架上：一瓶是 2 元的农夫山泉，另一瓶是 5 元的百岁山。如果您感到口渴了，请问您会选择买 2 元的农夫山泉还是 5 元的百岁山？我估计您会选择买 2 元的农夫山泉，因为您觉得 2 元的水与 5 元的水喝起来是一样的，都能解渴。

如果换一个场景：您与女朋友第一次逛街，您的女朋友说口渴了，于是您到超市给她买水，这个时候您是选择买 2 元的农夫山泉还是 5 元的百岁山？我相信您会选择买 5 元的百岁山。为什么？因为给与自己第一次约会的女朋友买水，您一定想要给她留下好印象买价格高一些的饮用水，会显得自己更重视她。

如果您与爱人走在大街上，这时，您爱人说："我口渴了。"您会怎么接话？也许您会说："咱们回家喝吧，再走 10 分钟的路就到家了。"您爱人也很有可能会同意您的观点。

您看，三个场景都是买水，三次的情况不一样。第一个场景，买水背后的需求是解渴；第二个场景，买水背后的需求是面子；第三个场景，买水背后的需求是省钱（干脆不买了）。所以，"水"不是需求，水背后要解决的问题才是需求。

销售的本质是做"人"的生意，那么想要成交就必须顺应人性。如果不了解人性中底层的共性，即使你对产品再了解，口才再好，也很难真正说服对方。

人永远不关心跟自己无关和自己不感兴趣的事情，真正的销售不是推销，而是让你手上要卖的东西跟客户产生关系。比如，你卖衣服，先不要讲衣服的价格、材质和款式，而要去讲"这是一件能凸显您身材的衣服"。这个时候，这件衣服就跟所有想凸显身材的女生就产生了关系。

好的销售话术能够真正说服对方。所谓真正说服对方，就是让客户不仅在情绪高涨的时候同意这件事，而且在经过理性的思考后，客户依然同意，越想越觉得这事儿好，这才叫真正的说服。人都是容易自我感觉良好的，天生不喜欢被说服。想要击穿对方的心理防线，肯定不能让对方觉得你似乎要向他推销他不需要的东西。

销售就是你有"病"，我有"药"，咱俩一拍即合。这里的"病"指的是客户的需求与痛点，而"药"指的是产品，"治病"就是整个问题与痛点得到解决的过程。

销售就是帮助顾客解决问题。我曾经给一家销售全屋智能互联产品的公司做过一期培训，他们最开始给客户提供的方案就是介绍所有产品的特色、功能、性能，他们将产品的使用说明描述得一清二楚。但客户对此并不买账，认为这些跟自己没有关系。后来，他们学习了"为客户解决问题"的思路，再去做全屋智能互联产品的销售时，话术就变了。他们在接触客户之前，要求销售人员必须先了解目标客户的真实需求和其身上的痛点，而不急着介绍产品。于是销售人员有了这样的发问话术："李先生，您之前了解过我们这个品牌吗？"如果客户说没有，这个时候销售人员可以简单介绍一下产品，然后继续挖掘客户需求："冒昧地问您一下，您是什么职业呢？"了解了对方的职业后，再去进行销售就很有针对性了。比如，对方是一名办公室的经理，经常久坐，销售人员可以这样说："您久坐之后，腰背和颈椎部位会觉得不太舒服，正好我们有一款带调节功能的智能床垫，特别适合您。而它最大的优点就是可以根据您的身体曲线，自动调节床垫每个部位的高度，最大限度地帮您缓解颈椎腰椎的不舒服，让您第二天活力满满地去工作，简直就是为您量身定制的啊！"对方听到这里虽然不至于马上心动，但一定好过你干巴巴地去讲产品。讲产品是在推销，而挖掘客户需求并解决问题才是销售。

所以，如果把销售的本质用一句话来总结，那就是：产品不是需求，解决顾客的问题才是需求。因此，我们不要先说，而是要先问，通过发问的方式来了解顾客的需求与痛点。

推荐话术：其实价格不是最重要的，我想冒昧地问您一下……

除此之外，销售高手在说服顾客的时候，往往不是讲道理，而是讲愿景，所谓的愿景就是未来使用的画面与场景。

有一句话叫作"No Vision, No Decision"，意思是没有愿景，就没有决策。决策是由愿景引导出来的，所以"愿景"就是具象的画面。

举个例子，很多的卖房高手都有一套非常熟练的话术。我有一次去参观一个养老社区，发现他们的社区人员讲解得很专业、到位，包括社区基础设施、社区周边环境等。到了另一个新开发的社区参观时，另一个讲解员也是如此，两个人话术的精练程度如出一辙。可见他们在对外开放前期，在客户调研方面下足了功夫，尤其是当讲解员描述这幅具象的画面和愿景的时候，我仿佛觉得自己已经置身在那个环境当中了，脑海中会出现一幅具象的画面：我推开房门，看见房间中的爸爸妈妈，身边的孩子跑向他们……那个画面深深地触动了我。

所以，在说服别人的时候不要去讲道理，而要讲画面与场景，把能够给到别人的好处和利益用语言描绘出来。就比如前文提到的卖全屋智能互联产品的案例，销售人员可以描绘未来的画面与场景：刘先生，您可以想象一下，您出差讲课劳累了一周，这个时候回家往卧室的床垫上一躺，床垫可以根据您的身体曲线自动调整到最适合您的角度，您一身的疲劳可以迅速得到缓解，第二天又可以精神百倍地工作了，多好啊！

推荐话术：您可以想象一下，使用这件商品后……（场景与画面）

事实上，世界上没有绝对的好，也没有绝对的不好，关键是看你怎么把这个东西说得更完美。只有深谙说话技巧，才能做到真正用话术来打动顾客，做到认同顾客，也让顾客认同你，这就是顶级销售人员的说话秘诀。

除了明白销售的本质以外，还要懂以下几个方法。

1. 做好销售离不开好心态

我们要明确一点，销售是客户与产品和品牌之间的重要纽带，我们只有做到了懂客户、懂产品、懂品牌，才能够给客户提供一个非常好的解决方案。有了这个心态，就不会只想着如何把产品卖给对方，如何把对方的钱掏出来。关键是，这种心态会使销售人员产生出能给客户解决问题的自豪感。

2. 正确地表达

在遇到客户的时候，不要称呼对方"你、您、某总"，而是要尽量换成"咱们"，这是一种心理学上的"自己人效应"。有了这种效应，能拉近与客户的心理距离，会让客户放下戒备心，更容易切入销售主题。

3. 不可或缺的同理心

客户无论是什么样的身份，无论买产品或买服务，最终想要获得的都是一个解决方案或有价值的产品，能从根本上解决自己的问题。理解了客户的根本需求，本着为客户解决问题的心态去做销售，往往会站在客户的角度去说话，这样更容易打动客户促进成交。

4. 不是单向推销而是双向沟通

知道了客户是为了解决问题来的，就要主动关心客户的需求，而不是倾向于推销。关心客户也是真心为了帮助客户,这才是具有同理心的真正表现。

5.没有完美的产品,只有最适合的产品

客户不同,需求不同,对产品的匹配要求也不同。现如今产品同质化问题越来越严重,对于客户来讲,只有适合自己的,能够解决自己问题的产品才是好产品。

高手销售要从商品的三大属性切入

很多刚入行的年轻人和没有什么销售经验的公司,以为销售就是"卖产品",事实上,真正的销售从来不单单是卖产品,而是卖产品背后的内涵与价值。如果把销售单纯定义为卖东西,那就是没有完全掌握销售的精髓。

如果让客户产生"买东西必须要付钱"的感觉,那么客户会觉得你时刻想要把他兜里的钱拿走,从而会产生防备心理,不愿意跟你打交道。虽然销售的最终结果的确是需要付钱买产品,但一位好的销售人员却能让人心甘情愿地花钱。所以,普通人做销售是在卖产品,高手做销售卖的是产品之外的东西。

如果销售人员只是停留在"卖产品"的层面,仅仅专注于产品功能,那就很难打动客户。想要真正打动客户就一定要从产品的功能属性上升到情感、价值和经济属性上来。

前几年,我在服务某大型零售通信商时,就以某国外品牌手机销售模式为例，讲解了销售高手从商品的三大属性切入的重要性。我们了解消费者对该品牌手机的热衷，每次新款上市都会引发抢购热潮。那么，该品牌手机的销售话术有哪些值得我们学习的地方呢？

如果仅仅是为了卖产品的话，他们的话术可能是这样的："我们这款手机，用的是 A15 处理器，速度是原来的两倍，摄像头是 1200 万像素。"再上升一步的话，就会从情感方面去讲："先生，这次推出来的产品是粉红色的限量版，如果您能抢购一台送给女朋友，她一定非常开心，这代表您给了她一份独特的爱和心意。"同样一款手机，单讲产品功能的话，未必会打动客户，而一旦上升到了情感层面，就很有可能会触动客户的心弦。如果从经济属性去解说的话，可以用这样的话术："帅哥，您别看这款手机现在的价格是 8888 元，但是该品牌手机有个最大的优点，就是它很保值，如果您用了两年之后不想用了，还能卖 5000 元左右。"这样讲的话，客户心动的可能性会更大。

从上面的事例中我们可以发现，任何一款商品都要从三个维度去介绍，第一个维度是功能，第二个维度是情感，第三个维度是经济。1200 万像素的手机摄像头是功能属性；送给女朋友代表了对她的爱，这是情感属性；保值是经济属性。例如，钻石光芒璀璨，戴在女士手上突显出优雅的气质，这就是功能属性。把钻石买来送给女儿，表达对女儿的爱，就是情感属性。最后，钻石能增值保值，说的就是珠宝具有的经济属性。

所以，您可以练习将您的商品从三个维度入手进行价值塑造：

1. 功能 _____

2. 情感 _____

3. 经济 _____

2021 年，我在珠海给某品牌手机经销商授课时讲道：该品牌有一款手机，它最大的特色就是手机外壳是橙色的，显得耀眼夺目。如果仅仅把产品的功能介绍给顾客，很多销售可能只会说"橙色、好看、有货"，这样的话术不仅没有体现出产品的价值，而且还只是停留在"卖产品"的层面上，基本上没有卖点。而品牌商为手机塑造价值的时候是这样宣传的：某手机的外壳颜色为胡杨橙。胡杨橙意指沙漠中的胡杨树，它3000年不死，死亡以后3000年不倒，倒下后3000年不朽，所以这种顽强的精神和生命力正是我们中华民族坚韧不拔的精神象征。

当客户听到这样的产品介绍后，会有什么样的感受呢？这款手机，已经不再只是一个拥有橙色外壳的电子产品，它还代表了中华民族的坚韧精神和家国情怀。

所以，一名销售人员根本不屑于"卖东西"，他只关注有没有满足客户更多的需求。

有人需要健康，有人想要安全，有人希望享有尊贵，这些都是需求。

今天有很多企业的产品之所以卖不出去，不是因为产品本身不好，而是因为企业没有找到适合的销售话术，没有发现自己产品真正代表的是什么，没有为产品找到最佳定位。所以，作为今天的销售员，不管你卖什么产品，都要思考如何把本来只具备"功能"的产品，卖出情感、卖出经济甚至卖出文化理念和精神内涵，这才是真正的竞争力。

如果你找不到产品的卖点，那么就没有客户。客户需要的通常不只是产品，他们更需要产品带来的价值。比如，人们虽然不需要脑白金，但是需要送礼。因为脑白金代表了礼品，所以人们才会购买脑白金。人们虽然不需要王老吉，但是不想吃了东西上火，因此才会买王老吉。

这就是销售高手不单纯卖产品的最高境界。

改掉你的否定思维,学会"认同"

在销售过程中,销售人员不可避免地需要说服客户,一流的销售高手必定是顶尖的说服高手。

沟通的目的有时是交流感情,但在销售过程中,更多的却是推销自己的观点,是认同、是接纳、是成交。可以这样说,销售的过程即是说服的过程。

在销售过程中,用到说服的地方很多,比如,推行自己的方案、推销产品、希望得到认同,等等。为了达到说服别人的目的,有时口若悬河,有时死缠烂打,有时穷追不舍,可谓十八般武艺都用到了,却并不能够很好地说服别人,可见,说服在销售沟通中并不是一件容易的事。

说服和"忽悠"不同,说服让人觉得心服口服并愿意信任你或你的产品,会带来后续的继续合作;而"忽悠"却会让人觉得你目的不纯,带着欺骗的性质。"忽悠"虽然让你在短时间内说服了别人,但当对方醒悟过来时就会觉得自己上了当,这样不仅失去了后续合作的可能,对方还会认为你的人品有问题,从此会提防你,这样不仅没有达到精准说服别人的效果,还会给自己带来损失。

那么,那些顶级销售话术有什么秘诀呢?最核心的秘诀就是"认同",只有对顾客认同才会让顾客放下戒心听你说话,然后才有说服顾客的可能。

卖手成交思维

试想这样一个销售场景：

客户对一个销售人员说："你们家的衣服款式都不太好。"这个时候，如果销售人员因为客户说的话不好听而回击道："谁说我们家的衣服款式不好？我告诉你，我们家的款式在整个市场如果是第二，没有人敢说第一。"这样的对话，弄不好会引发争吵，最后只有一种结果，客户没有得到认同，走为上策，自此再也不会光顾你的店。而销售高手会怎么回答呢？他们通常会用"认同"拉近和顾客的距离。他们会说："我理解你，很多顾客的想法跟你的想法都是一样的，因为每个人的穿衣风格不一样，我们家的款式大多是经典款，而经典款有个特点，就是乍一看没感觉，可穿上去很好看。所以，这就是为什么我们家风格比较经典，乍看上去不起眼，但是卖得依然非常好的原因。"这样一讲，顾客很可能就要试穿一下了。

再比如，如果在成交之前听到顾客说："我再到别人家比较比较，你们家的价格有点贵。"销售人员听到这里就能明白顾客的弦外之音是不想买了，这时，如果你说得好，可能会成交，说得不好，那这单就没了。你可以这样回答："是的，我理解您，毕竟这价格也真的不便宜，我想问您一下，您想去比较哪方面呢？是价格、尺寸，还是款式呢？您可以说出来，我来帮您做一个参考。"顾客听到这句话，内心一定不会特别抵触，反而会觉得被认同。如果你再补充一句："我做销售这么多年，说一千道一万，价格是关键，如果您觉得与自己心理预期的价位不符合，可以说出大概的预期，我再看看，能不能申请一下打折或者赠送礼品之类的优惠。"

推荐话术：

是的，我理解您，您有这样的想法都是正常的……

是的，我理解您，很多顾客的想法与您的想法都是一样的……

找对参照物，东西再贵也能卖出去

通常情况下，顾客在购买产品时，都会有一种嫌贵的心理。我相信除了"客户不需要""没兴趣"外，客户嫌贵是销售人员经常要面对的一个重大难题。而且，无论你卖得多便宜，总有客户会说贵。

如果产品定位高端，销售人员在卖产品的时候遇到了别人嫌贵的情况该怎么处理呢？或者还有一种情况是，产品的定价连销售人员都觉得贵，不好卖，这种情况下想说服客户就更难了。所以，如何通过话术设计让客户觉得价格不贵呢？或者说可以让客户欣然接受这个价位呢？

我之前辅导过一家卖熊胆粉的公司。这家公司的销售团队说自己公司的熊胆粉太贵了，具体贵到什么程度呢？一克熊胆粉的零售价格是 200 元。熊胆粉的最大功效就是解酒护肝，当他们把熊胆粉放到门店里卖的时候，发现同样是有解酒护肝功效的西药，一盒只要 20 元。20 元的西药对比 200 元/克的熊胆粉，简直是天壤之别，所以，销售人员抱怨熊胆粉的价格太高，根本卖不出去。于是，这家企业就让我去给他们做一下营销方案和话术设计。

当时根据他们公司熊胆粉的产品功能和实际质量，我发现不是他们卖得太贵，而是没有找到更合适的参照物。熊胆粉作为名贵中药怎么能和几块钱的西药相提并论呢？于是，我们经过研讨，用"占便宜法"做了一段话术。我让他们找个价格更贵的产品去做参照物，把原来的西药换成中药。比如，我们中国名贵的中药——片仔癀，一克要卖400元；一克冬虫夏草要卖600元，而一克熊胆粉却只要200元，熊胆粉是中国四大名贵中药之首，具有解酒护肝的功效，性价比非常高。于是，这家公司把这句话作为公司推广熊胆粉的统一话术，只要顾客进店就拿他们的熊胆粉和冬虫夏草、片仔癀做对比，以突显出熊胆粉的价格比较低，让顾客占到了便宜。

所以，懂销售话术，东西再贵也能卖出去，客户不但不觉得贵，反而会觉得物超所值甚至是占了便宜。例如，我在2021年为一家专注于高端滋补品销售的公司设计了这样一段话术：同样包装的燕窝在对面大药店那里要卖1200元/盒，而我们家只卖800元/盒，所以买到就等于赚到。为什么要这样设计话术呢？因为在其他个体户那里燕窝只卖500元/盒，很多顾客一问价格都觉得这家公司的产品贵，所以这家公司不能跟个体户做对比，一定要和大药店做对比。因此，客户刚刚一进店，我们就提前解除其抗拒点，为自家产品价格做好铺垫，把大药店的1200元/盒的燕窝这个参照物先主动抛出来。

推荐话术：您好，同样的产品，您在XX购买需要X元钱，而在我们家购买只需要XX元，所以买到就是赚到……

另外，再给大家分享一个关于价格方面的话术。如果客户说太贵了，可以让顾客出觉得贵的理由，这样就能推断出客户的真正需求，做到知己知彼，才能"对症下药"。

很多时候，无论你的产品卖多少钱，顾客都会觉得贵，500元？太贵了；100元？太贵了；50元？嗯，也有点贵。所以，不是你的产品本身贵，而是客户习惯说贵。

所以一旦客户还价，我们需要明白客户是想往自己的预期价位上靠，还是习惯性还价，然后，我们再有针对性地做出处理。

销售在遇到这种情况时，可以这样设计话术：

在客户说产品卖得太贵了时，我们可以这样回答："××先生/女士，我能理解您的想法，因为我们都希望能用最适合的价格买到性价比最高的产品，不过我可以问问您说的价格太贵了，具体是指什么吗？"客户可能会与其他公司的产品做对比："你看看A公司的产品，才只要不到300元，你们的产品则要近500元。"

这时候，我们可以利用这个话术来回答："是的，从表面看，我们的价格的确高了一点。但是您也知道，我们这款产品的后续维护费用是非常低的，A公司的产品每年的维护费用差不多要300元，而我们的产品只要100元就够了，算起来一年下来等于节省了200元，连续使用5年的话，等于您多赚了800元。这样，实际上相对A公司的产品而言，我们的产品是物超所值的，您说是吗？"

如果是超出预期价位太高，无论你的产品是否优质，还是你真的已经在赔钱销售，那都与客户没有关系，他不会购买。然而，习惯性还价处理起来就简单很多，直接跟对方说自己的优势就好。

销售工作是一种技术活，掌握起来具有一定的难度。这也是为什么在销售岗位，有些人可以赚得盆满钵满，而有些人却四处碰壁，认为自己不适合做销售工作的原因。

其实，无论销售话术有多精辟，你的应变能力有多强，归根结底讲求的是要有一颗真心，否则的话，哪怕你一时风光无两，也做不长久。只有真诚待客，才能在销售岗位站稳跟脚。我给大家一个公式：用我们优质的产品＋真心为客户服务的心态＋科学合理的话术设计＝没有卖不出去的东西。

让客户感受到你的专业性很重要

我们经常看到不少做销售工作的人，不论卖什么都会在朋友圈说："你正好需要，我刚好专业"。这句话对提升销售业绩来说效果不明显，因为专业不是靠喊出来的，是要让客户觉得你足够专业才行。

我们自己买东西时也是一样，是在感受到对方的专业以后，才会做出购买决策。而现在卖货的人，根本不会体现他们的专业度，只是一味地喊口号：你正好需要，我刚好专业。

销售人员的专业度是影响客户对产品好感度的一个重要因素，销售人员表现得越专业，客户对于销售人员的依赖也会越强烈，遇到问题时更愿意与销售人员进行沟通交流。相信每个公司都有一个或几个"销售大神"，他们的言谈举止都渗透着专业，具备让人信服的能力，基本上只要开发客户，就很少出现跑单的现象。其实，在销售领域，不光是销售人员对客户进行打分判断，客户也会判断销售人员是否专业，比如，从销售人员的产品知识、需求分析能力、解决问题的能力等方面来进行判断。

比如，去医院看病，大家都希望找专家来为自己诊疗，因为专业所以放心。做销售也如此，如何体现自己的专业性，才是我们要学习的。营销话术也是如此，真正专业的医生不会问病人："你想吃中药还是想吃西药，你想吃5天药还是想吃7天药？你想多吃一点还是想少吃一点？"医生诊疗时一般会先从病人的发病情况问起，如果病人是因为咳嗽来就诊，医生会问："你是白天咳还是晚上咳？如果晚上咳是上半夜咳还是下半夜咳？是否有痰？有没有感觉发烧或是憋气？来之前吃过什么药？咳嗽的症状持续多久了？平时有没有什么其他疾病？……"当医生问了病人这些问题以后，才会对症下药。而病人也会认为医生很专业，非常信任医生，于是交费、拿药，按医嘱服药。在病人看来，医生不是在卖药，而是在给自己解决"咳嗽"的问题的。

试想，如果医生问的问题很敷衍，只想着开一大堆药让病人花钱，那病人不但不会买药，而且还会在心里暗想："这医生不会看病，以后再也不来了。"当销售人员面对客户时，要怎么问才能凸显出专业性呢？答案是要向客户多问背景性的问题。

以卖手表为例，如果你上来就问客户："您想买块 10000 元的手表还是 20000 元的手表？"这就显得非常不专业，让人心生反感。假如换一种话术，从日常穿着风格开始提问，就会好很多。比如，你可以这样问："冒昧问一下，您平时喜欢穿什么样风格的衣服，是商务休闲款还是正装？平时较多出席的是什么类型的场合呢？还有，您平时喜欢做哪些运动呢？手表和个人运动习惯的搭配也有讲究。如果不介意的话，可以说一下您开的什么车，这些都是您选手表时需要考虑的搭配要素。"如果是你去买手表时听到销售人员这样问话，肯定会觉得对方很专业。

所以，背景性的问题决定你的专业水平。

除此之外，我们这里再讲一种发问的方式，就是技术性发问，这种方式会让客户瞬间觉得你很专业，并对你产生信任感。

前年，我去云南大理给两大品牌在当地的经销商讲课，课后我希望能买一点普洱茶带回家，临走的时候，我到一家店里去买茶叶。进店后，卖茶叶的小姑娘就过来跟我介绍普洱茶说："我们店里的茶品种很多，价格也有 200 元、500 元、800 元的，请问你要哪一种？"我虽然很想买茶，但

卖手成交思维

听了小姑娘这么简单的介绍还是没敢买,担心自己被"忽悠"了。万一花800元买了不足200元品质的茶叶呢?因为自己不专业,感觉卖茶业的也不专业,只好放弃购买。

回到老家以后,我跟一个卖茶业的朋友聊天,就把去云南没敢买茶叶的经历跟他说了。于是,朋友就用他多年从事茶叶经营的专业度来教我如果正确区分普洱茶的档次。他并没有拿出茶叶让我看、让我尝,而是问了我5个问题:

1. 你知道如何区分普洱茶的嫩度吗?我说不知道。
2. 你知道大树茶跟古树茶的区别是什么吗?我说不知道。
3. 你知道生普跟熟普的区别在哪里吗?我说不知道。
4. 你知道普洱茶的功效吗?我说不知道。
5. 你知道怎么喝才能喝出普洱茶真正的味道来吗?我说不知道。

他说:"你不知道就对了,这些问题我一个一个回答你。"之前我只觉得朋友是个茶商,但他问完我这5个问题以后,我忽然觉得他好"高大上",好专业啊,不由得赞叹道:"我以前咋没发现你这么厉害呢?"他说:"不是我厉害,只是在这个领域,我比你要专业。"随后,他又跟我说:"以后你不要出去乱买普洱茶,要买就到我这里,我给你推荐的肯定是货真价实的好茶叶。"正是因为这5个非常具备专业性和技术性的问题,让我彻底信服了,我不自觉地就成了他茶叶店的常客,这就是专业性的魅力。

因为你的专业性强,别人才会让你帮忙。因为你的专业性强,别人就会对你产生信任,买单时就不会犹豫,就可以立即转换变现。

推荐常用的技术性发问话术:

1. 您知道5000元产品与2000元产品到底有什么区别吗?
2. 您知道大多数人选产品的三大误区是什么吗?
3. 您知道好的产品的三大标准是什么吗?

4. 我们内行人去买产品主要看什么，您知道吗？

关于技术性发问，我再给大家举一个案例。去年我们辅导一家麻将机品牌的销售团队，他们主要销售第三代旋翼麻将机。我在讲课前以神秘顾客的方式去调研了他们的一家门店。

我问导购员："你们家这台麻将机卖多少钱？"

店员说："这台麻将机的价格是 3800 元。"

我说："好的，我知道了，我再到别人家再看一看。"说完这些话我就想走。

这时，导购员跟我说："先生，您好，去别人家比较比较是可以的。不过，我冒昧地问一下，您是否知道去别人家比较麻将机的话，主要比较的是什么吗？"

我回答她："我从来没有买过麻将机，我不知道要比较什么。"

这个店员就说："那我简单地帮您介绍一下，买不买没有关系，即使去别人家做对比，我也要告诉您到底对比什么。"

我说："好的。"

接下来这个店员说："如果您要去对比的话，一定要关注以下三个方面。第一个方面，麻将机好不好主要看它的电机。您过来看一下我们家的电机，采用上海的××品牌。第二个方面，麻将机好不好要看它洗牌的速度。品质越高的麻将机洗牌的速度越快，而且还不容易卡牌，看我们家的麻将机是第三代旋翼麻将机，洗牌的速度是传统麻将机的两倍，这样的话您打起牌就会感觉非常的爽快。第三个方面，麻将机好不好还要看它的舒适度。我们家这款是第三代麻将机，它的厚度只有传统麻将机的一半，这样的话，麻将机永远不会卡住您的大腿，即使您搓再久的麻将，也不会感到不舒服。所以说，电机、洗牌速度、厚度就是麻将机最重要的三个看点，如果您去别人家对比的话，那主要就看这三个方面。这个时候我觉得,这个店员好专业,同时我的思路也被她带走了,我去卖其他的品牌的麻将机店里时,就开始关注这三方面的特点。

在这个案例里,店员问:"先生,您是否知道去别人家比较麻将机的话,主要比较的是什么吗?"就是技术性发问,而技术性发问最大的特点就是顾客答不上来,而且还会引起顾客的思考,这样,顾客的思路就跟着销售人员走了,销售的说服力也得到了大大的提升。

2022年2月,受某大牌家电的邀请在浙江嘉兴为该品牌公司做了两天培训,在培训的过程当中,我为其设计了一套技术性发问话术,大大提升了其整体销售能力。

当顾客来到专卖店时,销售人员主动进行发问:"您知道平常购买厨电的误区吗?"

顾客回答:"不知道。"

销售人员说:"很多人误以为家里的电器是在装修进行到最后的时候买的。"

这时,顾客问:"难道不是吗?"

销售人员就回答说:"电器是在家里装修的时候第一个买的。"

顾客不太理解地问:"为什么?"

销售人员说:"因为我们需要对电路和水路进行提早预埋和设计,所以只有设计好了电路和水路之后,厨房的家电才能顺利地安装进去。如果与家里的电路设计不匹配,您买的我们家的洗碗机、电冰箱就不能用了。"

这个时候顾客就说:"我们已经有设计师了。"

销售人员就说:"您的设计师很专业,但是他未必在厨房电路设计方面有我们的设计师专业,我们是配备了专业的厨电设计师的,而且免费提供设计,厨电设计师的工作就是设计厨房的电路跟水路,所以,在这方面,他们更加专业。"

于是，很多顾客就接受了他们的厨电设计师来设计水路、电路。这样做的好处就是，当你把电路、水路设计完之后，该品牌的厨电设备就能全套销售给客户了。如果卖单件的话，价格一般在1万元左右，而要卖全套的话，客单价能上升到十几万元。所以，通过技术性发问去改变客户的认知和观念就变得尤为重要。

最后，还要注意表达方式。专业的人说话时既不急促又不语顿，而是具备一种有条理、有逻辑的自信。所以，表达方式非常重要。我们需要注意语速和语调，快慢适中的专业性介绍能够给人以更安全、更值得信赖的感觉。通常，信心足的人，才有底气把话讲得清楚、明白。如果客户说话的语速非常慢，而你说得太快的话，会让他反应不过来，一个问题需要你反复地解释，这不仅会让客户反感，而且还显得你很不专业。这都是话术设计中需要注意的细节。

销售基本功：说清楚你的产品卖点

有人说："作为一名销售人员，连自己公司的产品都说不清楚，你是来搞笑的吗？"

在开展销售工作之前，你一定要想办法熟悉所要销售的产品，这很重要，如果连自己都不熟悉要进行销售的产品的话，那客户又怎么会相信你呢？更不要说购买你的产品了。所以，在做销售之前，你可以先花2~3天的时间来熟悉产品，比如，产品的定位、功能、优势、劣势等。同时，还要了解同行业的同类产品，了解它们的性价比，当客户问到这些时，你就可以侃侃而谈，让客户感觉你非常专业。

客户之所以购买一款产品，大多数是基于对产品信息的了解，对产品信息掌握得越充分、越真实，越能找到适合自己的产品，这样才能更加放心地去购买。反之，客户对产品的了解程度越低，购买产品的决心也就越小，即使在一时冲动之下购买了产品，也可能很快就后悔。

那么，客户对于产品的了解程度，取决于销售人员的阐述。

任何一次成功的销售沟通，产品信息都必不可少。但这不意味着销售人员要背诵"产品说明书"，销售人员要做到对产品信息熟悉得如同了解自己的身体一样，比如，本产品的优势，和同类产品的对比等，这些内容才是销售沟通的"地基"。

下面是我在2018年服务美国某知名床垫品牌时，与其销售团队一起编写的话术。其中要说明的是，该品牌高端系列产品零售价超过18万元，普通的进口系列产品的零售价也达5万元以上。

"这款床垫是我们2018年的美产新款，您体验一下。这款床垫运用了一个全新的技术——双层弹簧结构（卖点），去年这种技术只出现在高端系列产品里（与自己高端产品做对比，凸显新款价格优势），它集合了柔软度和支撑性双重优势，既有包身感，又有最完美的支撑性，让您身体的每一块肌肉都充分放松（好处，联系到顾客身上）。

首先，这款床垫应用了我们持续研发创新的技术：经过预先压缩的独立袋装弹簧（卖点），能依据人体曲线提供最完美的撑托，能够有效缓解人体的压力，并且可以减低伴侣因翻身产生的震荡，缔造无中断的熟睡。买车要看发动机，买弹簧床垫就要看弹簧，弹簧的好坏决定床垫的质量和使用寿命（类比）。

其次，我们在独立袋装弹簧的上面又加了一层微型支撑弹簧，这就是我们的双层弹簧结构了（卖点），它能够非常敏锐地感应您的体型和体重，给您提供最舒适的包覆感，且撑托性和耐久性比市面上一般的弹簧要高出 245 倍（对比法、数字法），可以有效释放白天因工作产生的身体压力（联系到顾客身上）。

最后，此款床垫还有一个亮点，那就是其具有双层凉爽纤维（卖点）。我们家 Aircool（空气冷却）系统的一个升级版，配合 airfeel（空气感知）绵层，透气、透水性极强，尤其适合青岛这种潮湿的天气特点（好处、画面与场景，联系到顾客），这边的夏天不会特别热。所以，卧室空调安装率并不高，普通品牌用一层层闭塞的海绵摞起来，睡眠中身体正常排出的汗水都无法流通蒸发，一觉醒来身上就感觉黏黏糊糊的。我们的科技棉全都是开放式的，透气、透水性能极强，可帮助您排出睡眠中产生的多余热量和湿气，同时预防因污渍和异味而滋生细菌和霉菌，有效保持床垫的清洁干爽。

这么厚的床垫，如果不做任何的技术处理，湿气排不出去就会滋生螨虫（痛点），我们这款新品应用的双重科技纤维直接把螨虫的生长环境破坏了。这就不会让您多年以后睡的是一张全是螨虫和螨虫尸体的床垫上。目前来说，这个技术也是其他家完全做不到的。"

该品牌的话术案例告诉我们，一定要熟知所推销产品的相关知识，这样才能产生工作热情。想要激发高度的销售热情，一定要变成自己产品的忠实拥护者。如果你用过产品而感到满意的话，自然会有高度的销售热情。若销售人员本身并不相信自己的产品，那只会给人一种隔靴搔痒的感觉，想打动客户的心就很难了。

在熟悉所卖产品的时候，有哪些是必须要掌握的呢？

1. 产品名称

销售人员可能负责同品牌的不同产品，对于这些产品的名称、简称甚至俗称都要牢牢记住，品牌企业要对自己的销售人员进行统一培训，让他们背会产品的基本信息。

2. 产品性能

了解自己所售产品的信息，比如，产品的规格、用途、修理方法、保养方法、作用年限等，了解得越详细，越能对客户提出的问题应付自如。所以，产品性能方面的所有知识最好都要熟记于心，越熟悉产品，自己描述起来就越轻松，话术也会越真实，越让人觉得可以信赖。

3. 产品的使用方法

销售人员必须熟悉掌握产品的使用方法，只有自己熟悉了产品如何使用才能给客户以正确的示范。有些产品的使用方法不一定全部显现在说明书上，销售人员需要把这些说明书上没有呈现的使用方法也告诉客户。

4. 售后服务

公司所有针对产品的售后服务规定，销售人员都要做到准确无误地传达给客户，不能使顾客有所误解，这样会对企业或品牌的声誉造成影响。

5. 要熟知竞争者的产品

面对客户，涉及竞争者产品的提问，只有做到知己知彼，才能发现别人产品的长处和短处，更加清楚、明白地说出自家产品的优势，从而让客户更加信服。

让数字说话更值得信赖

高级销售人员之所以让人感觉放心，不仅仅是因为他们能说会道，更多的还是他们的专业性，专业性可以体现在多个方面。对产品的熟悉是一个方面，能够举例说明是另一个方面，而最重要的还是能够通过数据来使自己的表达变得更加具体化，让人感觉更加权威和真实。在销售过程中，在向客户介绍产品时，要懂得利用实际的数字来进行说明，如果客户相信这些数字能够给他带来帮助的话，那就能打消其很多顾虑，利于成交。

两年前我服务一家高端滋补品企业，下面就是关于用数据说话的真实话术案例。

"我们品牌的燕窝来自马来西亚的砂拉越州，砂拉越州有'犀鸟之乡'的美称，被誉为'亚洲之肺'，出产优质燕窝。金丝燕唾液酸含量最高达10.9%（数字），远高于其他产区的40%（数字）。产品的实木盒包装上有13层（数字）烤漆，更符合身份高贵的人，让您办事成功率更高，可以拿到更多的项目。产品采用马来西亚传统的人工挑毛方式，127次（数字）循环清洁，99.99%（数字）钻石般的洁净，食用更安全。盏形完整、纤维密集，泡发率高达12倍（数字）左右，有淡淡的蛋清味香，一盏可分2次（数字）使用，肠胃吸收更快，达到事半功倍的效果。具有滋阴润肺、养颜润肤、抗衰防皱的功效，让您看上去比同龄人年轻十岁（数字）。准妈妈食用，一人吃两人（数字）补，达到事半功倍的效果。"

此话术中进行产品介绍并说服客户时，使用的方法就是用数字说话。以数字为依据，一针见血地打消了客户的顾虑。这种方法值得人们学习。

在销售过程中，有时销售人员发现客户对产品非常感兴趣，但就是迟迟不肯下决心成交。出现这种情况的很大原因在于，销售人员在向客户介绍产品时，往往只是口头介绍产品的好处，没有具体的依据，空口无凭当然难以说服客户。

再给大家看一个商家卖轴承的话术案例。

"我们家的轴承价格虽然比别人家的价微贵一点，但是我们家的轴承，使用寿命是10万个小时，而别人家的轴承，它的使用寿命只有8000个小时，且每过一年就要进行小维修一次，而我们的可以做到10年运行不维修。所以，细细算下来，我们的轴承性价比更高。"

销售如果能为客户提供大量真实、准确的数据和生动的案例，并能够与其他产品进行对比，则更能证明自己产品的可靠性，这样在很大程度上可打消客户的疑虑，增加客户对产品的信任度，从而提高成交率。

在销售过程中利用数字说话时有哪些注意事项呢？

1. 数据要真实

之所以用数字说话能打动人，其背后的原因是数字代表了真实性和准确性。所以，不能为了提升数字的指标而胡编乱造，如果数据不真实，反而会弄巧成拙。不但起不到说服别人的效果，搞不好客户还会怀疑你的人品，会有种被你欺骗的感觉，这样对销售人员来说毫无益处。

2. 可以利用名人影响力或列举有影响力的事件来说明

在使用数据进行说明时，销售人员可以在此基础上借助一些有影响力的事件和人物来加以说明。这样既可以让说服变得更加生动，让列举的数据在客户脑海中留下更为深刻的印象，又能提高客户对产品的重视和信任程度。

3. 不要跟客户卖弄数字和案例

不要轻视客户，你说的话是否真诚很容易辨别，如果你是为了卖弄学问甚至跟客户玩数字游戏，那么结果只会引来对方的反感。

销售的四大心态解析

拥有什么样的心态将决定我们过上什么样的生活。唯有心态的问题解决了，你才会感觉到自己的存在，才会感觉到生活与工作的快乐，才会感觉到自己所做的一切都是理所当然的。销售更是如此。如果一个销售人员不具备强大的好心态，不仅无法做到愈挫愈勇、脱颖而出，甚至也无法在销售这行做下去。

1. 向火车上的销售人员学习

我们坐火车时，总会看见车厢过道里不断有销售人员推着杂货车走来走去，口里喊着"香烟、啤酒、瓜子、饮料"，哪怕过道里横七竖八的满是乘客，他们依然在不停地售卖，在他们的心中始终有一个信念："刚好我路过，刚好他需要，就能成交。"这就是一种积极的心态，而这也是销售人员必须具备的心态。做销售难免会遇到被拒绝的情况，也会遇到难缠的客户。如果心态积极，销售人员就会时刻想到，"我只管努力去卖，总会有一款产品适合你"。拥有积极心态的人才能排除困难，让自己的心中充满阳光，充满力量。同时，积极的心态不但使自己充满奋斗的激情，还会给身边的人带来阳光。有时候销售人员并不是单打独斗，如果他能够影响身边的人，使他们能够变得积极，这就更好了。那些销售主管，销售精英，无不是拥有积极心态的人。

2. 向小商贩学习

小商贩们总是不停地高声叫卖，目的就是要让别人知道，不管你买不买，反正我就要锲而不舍地宣传。这种心态就是一种主动的心态。所谓主动就是"没有人告诉你而你正做着恰当的事情"。在竞争异常激烈的今天，被动就会失去先机，主动就可以占据优势地位。我们的事业、我们的人生不是上天安排的，而是我们主动去争取的。主动是为了给自己增加锻炼的机会，增加实现自己价值的机会。社会、企业只能给你提供平台和道具，而如何表演则需要自己去设计，至于能演出什么样的精彩节目，有什么样的收视率，决定权在你自己手中。

3.向医生学习

医生的职责不是卖药而是救死扶伤，为病人解除病痛。这是一种给予的心态，要想索取首先得学会给予，没有给予就不可能索取。做销售要给予同事关怀；给予经销商优质的服务；给予消费者满足其需求的产品。给予，之所以如此重要，是因为它不会受到别人的拒绝，反而会得到别人的感激。给予的心态是双赢思维。拥有给予心态的人，不管在什么情况下，都能第一时间想到"我能为对方做什么呢？怎么才能给客户提供更合适的解决方案呢？"有些人很会共情，有些人做不到共情，原因就在于是否拥有给予心态。当你把对方当作敌人，心里抗拒他、排斥他，你就做不到共情对方的感受和情绪。当你没有给予心态时，你的脑子里只有自己的目标，而对方的情绪就会成为你达成目标的负担和障碍。当具有了给予心态后，我们的姿态也就发生了改变，会变得从容、平等，自然而然地就发挥了自己的影响力。

4.向棺材铺的老板学习

在棺材铺的老板中间流传着这样一句名言"早晚等到你，不要太着急"。这是一种自信的心态。

自信是一切行动的原动力，没有了自信就没有行动。我们要对自己服务的企业充满自信，要对我们的产品充满自信，要对自己的能力充满自信，要对同事充满自信，要对未来充满自信。自己将品质优良的产品推荐给我们的消费者满足他们的需求，我们的一切活动都是有价值的。然而，很多销售人员连他自己都不相信自家产品的价值，又怎能去说服别人相信自己的产品呢？还有很多销售人员既不相信自己的能力，也不相信自家的产品，所以在客户的门外犹豫了很久都不敢去敲客户的门。

在认识到心态对销售的重要性后，再分享以下三个调整心态的小技巧，希望对销售人士有所帮助。

（1）每天准时起床，多做几次深呼吸，开始工作之前，记得给自己鼓鼓劲。

（2）遇到困难时，先在心中告诉自己："我一定行，没有什么能阻挡我做事。"

（3）永远不要对自己失去信心，即使这一次销售没成功，也不要失望，因为做销售工作，付出努力却不成功是很正常的事，关键是心态不能乱。

销售的万能公式：十步闭环流程

很多"粉丝"在抖音平台的评论区给我留言：烟机灶具怎么卖？眼镜怎么卖？全屋定制怎么卖？新能源汽车怎么卖？……现在我告诉大家，虽然我们卖的产品不一样，但是销售是有万能公式的，你只要按照我的万能公式去操作，所有的产品就可以顺利地卖出去。

那什么是销售的万能公式呢？简单理解，就是销售过程中先说什么，后说什么，具体操作时分为十个步骤，也可以叫作十步闭环流程。

1. 售前引流

客户还没有真正出现时，对你来讲最关键的是"抓潜"，也就是找到你的潜在客户。这些客户具备的特点是具有购买意向，对产品有需求，并有能力购买产品，这样的客户才算是潜在客户。在本书的第七章中会重点阐述当下几种主要的"抓潜"方式，比如，电话营销、短视频营销、异业联盟，等等。

2. 打招呼（迎宾）

既然客户进店了，销售人员就要将其当成"上帝"光临一样，打招呼时不能懒洋洋地爱搭不理，也不能热情得像自己的亲戚进店似的，要有一定的话术和方法。按照我们培训理念的要求，迎接客人进店之前，销售正确的动作是忙碌，因为忙碌的门店无形中能够提升客人的进店率。不要无关痛痒地来一句"欢迎光临，随便看看""随便看看，喜欢的话试一下"，这些都是常用的迎宾语，但并不特别有竞争力。迎宾语的设计要简单、富有亲和力并突出品牌，比如，麦当劳的迎宾语"欢迎光临麦当劳"，无论走进全国任何一家麦当劳店铺，都是这样简单的迎宾语。错误的迎宾语就是"欢迎光临""随便看看""随便挑挑"之类的。要知道，没有品牌传递意识的迎宾语在品牌门店经营中是有瑕疵的。

3. 开场白

简单的开场白非常重要，尤其对于专门卖高端产品的店家而言。如果销售人员的开场白能够引起客户的兴趣，那么推销任务就已经成功了一半；反之，如果客户对你的开场白理都没有理的话，就很难对你的推销感兴趣了。为了激发起客户的强烈兴趣，销售人员可以使用制造悬念的方法。销售人员可以在开场白中制造某种悬念，以激起客户的一些好奇心，从而促使其尽快进入销售的主题框架中去。如何设计开场白话术，在后面的章节中会有详细阐述。

4. 了解需求

了解需求最好的方式就是两个字——发问。在跟客户交谈前，就要精心准备与客户可能谈到的问题和计划，设想客户回答问题时的内容，自己如何从中获得准确的信息。在跟客户的言谈中，要从对方说出的每句话、每个字中，了解清楚他的经济条件、买家的真实想法、买家的购买欲强不强、买家能不能独立做出购买决策等，这些信息越详细越好，只有正确评估信息内容，这样成功的概率才会更大。

5. 赞美

真诚地赞美客户，一直都是超级销售人员获得客户好感的最有效的方法。客户进店以后，销售人员要和客户保持适当距离，既不能马上尾随，也不要贴身介绍，如果贴身跟进，会很容易让客户产生排斥心理。最合适的做法是，在保持适度的距离的同时，认真观察客户脚步停留、眼神、触摸等行为。也可以赞美客户的发型、皮肤状态和着装风格，或者是赞美客户带的孩子或爱人。做这些的前提是仔细观察，赞美要发自内心，避免千篇一律地为赞美而赞美，这会让客户听了之后产生反感。

6. 产品介绍

产品介绍是所有公司销售人员入门的必修课，也是销售人员必须具备的最基础的技能。前面我们讲过，对于一个产品的介绍不能单从功能上讲，还要从情感和经济两个方面进行。比如，卖一款床垫，从情感方面介绍的话可以说："如果您买这个床垫送给您爱人的话，您爱人能够深刻地体会到您对他的爱意！"从经济方面介绍可以说："这款电动床垫，能有效改善您的腰肌劳损，用一段时间后，您会发现出去讲课时浑身都有力量，讲课时更有魅力，您能赚到更多的钱！"记住：所有的销售，最后不是介绍物品，而是上升到具体的人！因为商品是为人所用的，所以，介绍到最后就要回到这个商品对人有什么好处上面，所有话术的设计都要根据顾客身上的痛点来进行。

7. 鼓励体验

现在是个"非体验不营销"的时代，卖服装要让客户试穿，卖沙发要让客户试坐，卖设备要让客户试用，客户只有先体验了才会爱上产品，如果连体验都没有，基本不会有后面的成交。而且，我建议所有的品牌在设计卖点的时候，一定要把体验融入进去，能感知到的卖点才是卖点，只靠说是没有用的。

8. 报价

报价是把双刃剑，不报价肯定不会成交，但不会报价，也会让客户

29

在听到报价后掉头就走。所以，正确报价是销售十步闭环流程中非常需要话术技巧的一环。作为销售人员，可以选择几种常用的报价法，如区间报价法（这款产品价格从300~800元，您说说您的具体需求，看哪一款最适合您）、占便宜法（您的眼光很好，这款产品之前都卖×××元，今天您来赶上某活动，现在只卖×××元，先报高再报低，让客户感觉占到了便宜）、阶梯报价法（如果客户想要降价，销售人员可以问对方能不能今天定下来，这样可以向老板申请优惠，但前提是要客户今天必须确定购买意向）。

化大为小法：把价格拆分到每一年、每一月、每一天里，让客户觉得每天只要付出很少的钱就可以拥有这件商品了。

9. 成交

到这一环节时需要注意两个要点：一是速度，二是推动。作为销售人员要表现得果断快速，如果你磨磨叽叽、犹犹豫豫，客户肯定觉得你对产品不够了解，不够有把握。如果你对产品不够有信心，客户怎么可能相信你呢？所以，你要够专业。如果客户犹豫不决，可以推动客户的情绪，采取赞美或架设一些场景，换位思考，客户使用这些产品会带来什么效果，有什么好处等，只要设身处地为客户着想，客户就会加速成交。

10. 售后服务以及转介绍

是不是只要产品出问题了，我们就要去做售后服务呢？不是。只要买了我们的产品，那就是我们的老客户，你就要去做售后服务。做售后服务的目的是什么？是希望他能在感受到我们优质的服务以后，能够帮我们顺便做一点产品的转介绍工作，毕竟我们去开发一个客户很难，但是如果客户说我们家的产品好，那别人买我们家产品的概率就非常高。

以上十步就是一个完整的销售闭环流程，无论在哪一步都要用心，只有这样产品才能卖出去，并且还能有回头客。

第二章
销售要用话术拉近与客户之间的距离

用好"品牌开场",你就赢了一半

我在给很多企业做销售培训的过程中,常跟他们强调:"你要是一开口就说与销售有关的话,那就好比你的头顶上有一条标语'请别相信我,我是一名销售人员。'"

为什么很多人反感销售人员,总结下来有以下几点:

1. 销售人员卖给客户他们不需要的东西,或者卖给客户错误的东西。
2. 销售人员太急于成交或态度过于轻浮。
3. 销售人员对于商品没有足够的了解。
4. 客户需要更多的时间做决定,但销售人员一直催促成交。
5. 销售人员一开口就让客户心生反感,所以没有后续。

如遇第一至四条的情况,销售人员也许还能跟客户周旋一段时间。然而如果遇到最后一条,那么等于一开口就把自己给"封杀"了。所以,真正的销售高手特别善于利用好"开场白"。

好的开场白能够提高品牌的价值,比如,几年前我去买房子,一进售楼处的大门就和大多数人一样,开口先问:"你这个房子多少钱一平米?"当时售楼处的销售人员很有经验,他没有直接告诉我价格,他说:"刘先生您好,我冒昧问一下,你之前了解过我们这个品牌吗?"他上来就切入了品牌,而我虽然听说过这个品牌,但并不太了解,于是只好实话实说。接着他跟我说:"刘先生,我先简单给您介绍一下我们这个品牌吧!我们连续10年蝉联广东省销量冠军，是中国地产前三强，我们的市值达到了××元，我们在全国范围每年开发的面积有××平方米，我们的品牌价值……"听完他对品牌的介绍以后，我内心已经想要下单了。因为我已经被他这个开场白打动了。

他没有介绍该楼盘怎么样，而是直接切入了品牌价值。于是，我又问："你们的品牌这么好，那这楼卖多少钱一平米呢？"他依然非常老到地没有报价，又问我："刘先生，我想问您一下，您对这个区位了解吗？"我还是老实地说不太了解。于是，他又开始介绍："我们这块地将来左边是一家大型的购物中心，右边是一家医院，后边是一个大公园，这边还有一座桥，可以通向对岸，这里的交通非常方便。"在我眼里，明明是灰秃秃的地块，但在这位销售人员的嘴里却描绘出了一幅未来的美好图景。我说我现在啥也没看见，这个销售人员依然非常会说话："就因为现在周边啥也没有才卖您这个价，如果啥都有了之后就不是这个价了，所以，买房子，就要买在前面。"

我又一次被他的销售话术折服，于是不甘心地继续追问该楼盘多少钱一平米。他依然是不报价，却介绍别的东西给我，从小区的周边环境到户型类型，直到全部介绍完了，他才告诉我这楼盘一平方米的价格是13800元。虽然这个价格不低，但有了他之前那么多的介绍和描述，我竟然觉得这价格还能接受，并且心动了。

所以，想要把开场白说好，必须有技巧。能够讲好开场白的确不容易，不然就不会有那么多的客户进店转一圈之后扭头就走了。

好的开场白有四种形式：品牌开场、自我介绍开场、服务开场和促销开场。其中最重要的是品牌开场，销售人员记住，先卖品牌，再卖自己，最后卖产品。

我在2020年辅导过一个卫浴品牌，在我去给他们讲课的前一天，品

卖手成交思维

牌老板林总跟我说："我们在某家居体验中心的一层，今天能不能到我店里帮我'诊断'一下，看看这家店生意不好的问题出在哪里？"于是我就跟林总过去了。店面位置确实好，面积有 300 平方米，装修得非常豪华，我决定"陌生拜访"一下。他们家门店的橱窗上摆放着两个水龙头，那是象牙白的颜色，它一下就吸引了我的注意力。

这时，导购员走过来，对我说："先生您好，欢迎光临××（品牌名）。"我问道："你家这个水龙头卖多少钱啊？"他说："您好，这个水龙头卖 10800 元。"我问："咋这么贵啊？"他说："您刚好赶上我们家五一搞活动，全场商品打 8 折，这款水龙头打完折后的价格是 8500 元。""8500 元，那也贵啊！这样吧，我先到其他门店看一看"，说完我扭头就去找林总了。林总看见我回来了，问道："刘老师，您不是说进去调研吗？您咋回来了？"我说："店都没进去，就被你的员工给'杀死'了。"

林总很不解地问："刘老师，啥意思？"我回答他说："这样，林总，现在咱俩一起进去。"说着，我就跟林总走进了店里。

导购员说："林总好，旁边这位先生看着挺眼熟啊！"

林总就说："我给你介绍一下，今天我特意请刘老师过来到你店里做个调研。"导购员说："刘老师，反正您也来了，要不这样吧，您现场能不能帮我示范一下，刚才那个水龙头到底怎么卖？"林总也跟着说："刘老师，反正您也来了，就现场给他展示一下，如何卖这个水龙头吧！"

大家说，我当时是啥心情？问题是，我从前也没卖过水龙头啊！于是，我说："那我尝试一下吧！"店员说："刘老师，咱来吧！林总您在旁边看着。"这时候他站在店门口对我说："小伙儿，过来！"我就一边过去一边说："您好，欢迎光临××（品牌名）。请问有什么可以帮您的吗？"

这时，他问道："帅哥，这水龙头卖多少钱？"（是不是这个问题挺熟，5 分钟之前我问过他呀！他是怎么回答的？10800 元）。请问我能不能像他一样地回答？不能。虽然我没卖过水龙头，但我对销售流程还是知道的。

我说："您的眼光真好，一眼就相中我们家的爆款了，我冒昧问一下，您之前对这个品牌有听说过吗？"

他说："我从来没听说过。"

"没关系，没听说过很正常，都怨我们，平时广告跟宣传做得太少了。要不这样吧，您就别在外边站着了，我们里边环境非常好，还有茶座，我们边走边聊，您里边请！"

"小林过来，给我们倒杯茶！"林总可配合我了，说道："好的，好的，倒茶，你俩请坐！"我们俩就在茶室坐了下来（服务开场）。

我说："您之前从来没听说过我们这个品牌吧？"

他回答："是的。"

"那我耽误您一分钟的时间，我简单给您介绍一下我们这个品牌吧！我先冒昧地问您一下，您是自己家装修吗？（背景性问题）"

"是我自己家装修。"

然后，我说的第一句话是："您知道奔驰、宝马和奥迪吗？这三个品牌都产自于德国，我们家所有的水龙头都产自于德国，跟奔驰、宝马和奥迪是一个国家生产的。"（品牌开场）

"我再跟您解释一下，为什么您说您从来没听说过我们这个品牌？因为我们进驻中国的时间有点晚，欧洲10家五星级酒店里面有7家用的就是我们品牌，所以在欧洲卖得好，请原谅我们来中国的时间稍微有点晚。"（以上话术是作者现场编写，用于教学，并非品牌官方话术）

"您听说过迪拜有一家七星级的帆船酒店吗？这家酒店里用的水龙头就是我们品牌的，在那里住一个晚上至少需要人民币5000元，换一句话说，您住两个晚上相当于把这个水龙头给住回来了"。（以上话术是作者现场编写，用于教学，并非品牌官方话术）

接下来，我说出了最经典的话："您知道吗？日本有天皇，英国有国王，现在全世界活着的国王中有一半以上的家中用的水龙头是我们品牌的，所以您一旦用上我们品牌的水龙头，就相当于过上帝王般的生活了。"（以上话术是作者现场编写，用于教学，并非品牌官方话术）

他心里怎么想？还不错。这个时候我再告诉他，这个水龙头只卖8500元，他心里怎么想？哇，这个水龙头太便宜了，才卖8500元。所以，品牌介绍非常重要，一定先介绍品牌再介绍产品！当你介绍了品牌以后再介绍产品时，这种代入感就比较强。

推荐话术：我冒昧地问一下，您之前了解过我们这个品牌吗？接下来，耽误您一分钟的时间，我简单地帮您介绍一下吧。

品牌开场，从五个角度对品牌进行塑造，分别是品牌历史、核心竞争力、荣誉、客户见证、规模。除此之外，品牌开场还有一个重要的功能就是做核心卖点区分。

下面是我为曾经辅导过的品牌设计的开场白，供大家参考。

2017年，某电动车品牌找到我，希望针对电动车编辑销售话术。众所周知，电动车行业的竞争异常激烈，价格战越演越烈，不少厂家不惜降低产品的配置来吸引那些不具备专业知识的消费者。而该品牌的核心竞争力不是价格，而是提升产品的技术力，从而给客户带来更多的好处和更大的价值，让客户在骑行的过程中更加安全、省心、舒适。近几年，与电动车有关的事故层出不穷，国家相关部门也多次对电动车行业标准进行修改，原因就是行业竞争混乱导致品质下降，消费者的安全没有保障。所以，该品牌投入了大量的时间、精力和财力进行技术升级，目的是在竞争中以品质取胜。为此，在开场白中一定要将该品牌与其他品牌进行有效区分。

推荐话术：您好，您之前了解我们这个品牌吗？

好的，您是第一次来我们家，那请允许我占用您一分钟时间，简单介绍一下吧。我们成立于×××年,是最早生产电动车的企业。中国第一辆商用电动车就来自于我们,距今已有20多年,我们家最大的特色就是技术实力强,因此,改变了电动车行业技术含量低的状况,特别是在安全、续航和防盗这三大系统,我们拥有专利近300项,真正做到让客户安心。现在,我们在国内拥有11000余家专卖店和服务店,实力非常的雄厚。"

精彩的品牌开场白让销售成功了一半。很多销售人员往往在拜访客户或面对客户时不知道如何开场,开场白不具任何吸引力,因此常常以失败收场。所以,需要不断完善开场白,只有头开得好,后面才能有更顺畅的沟通。

换位思考,挖掘客户真正的需求

什么样的销售方式是最好的销售方式呢?答案是了解客户需求的销售方式。怎么才能了解客户的需求呢?这就需要销售人员具备换位思考的能力。那些高境界销售人员所拥有的就是换位思考的能力,也可以称为共情的能力。简单说,就是理解并支持对方、善解人意,这是几乎所有人都希望拥有的能力。每个人都希望对方能够用这种方法来对待自己。但在现实中很多人都没有这种能力,很多人都是习惯了讲道理,喜欢教育对方,却不知道对方需要的其实是共情。

有"情商之父"之称的丹尼尔·戈尔曼说:"共情,是情商的核心能力,也是人类天生的能力,但一直没有受到应有的重视。"共情让人与人之间从情绪、认知、观念等建立"连接",达成共鸣,让沟通更有效,最终能够达成共赢的局面。

我做培训的时候,经常分享我妈去超市买酸奶的案例。

一天,我妈带着我家小孩去超市,路过卖酸奶的区域时,促销员对我妈说:"阿姨您好,×××酸奶今天在我们这里搞促销活动,这是有史以来的第一次,买一送一,非常划算,您带一箱吧!"我妈说:"听说喝酸奶也挺上火的,我考虑一下要不要让我孙子喝。"说完,扭头走了,没有成交。因为这个促销员并没有抓住我妈的内心需求,所以没有推销出去。我妈不是不想买酸奶,而是希望喝了酸奶的孙子不能因此而上火。

我以这个为例,给大家重新设计了一种销售话术。比如,促销员看到一个老太太带着孩子的话,不要上来就说×××在做促销活动,而是要先对客户进行赞美,说:"阿姨,您家的孙子长得真帅!孩子个子长得挺高,就是看着有点瘦,是不是平时吃饭消化不太好啊?"这个时候我妈一定会说:"真是,我孙子什么都好,就是平时消化不太好,你们家的孩子是不是也这样子的?男孩子调皮不好好吃饭。"这个时候店员再说:"阿姨,孩子不好好吃饭,那说明他消化不良,今天我们×××酸奶做促销活动,酸奶有个最大的功效就是可以促进孩子的消化。我家孩子以前也不怎么好好吃饭(共情),自从经常喝酸奶以来,之前一顿饭吃半碗米饭,后来一顿能吃两碗,不到两个月就长得白白胖胖的。刚好今天厂家搞促销活动,买一送一,阿姨,买到就等于赚到,反正酸奶每家都必备,给您家孙子带上两箱呗!"这时候我妈肯定会买。

这就是站在顾客的角度,换位思考去了解客户的真正需求,很容易就实现了销售成功。

我妈的需求不是酸奶,也不是不上火,背后的真实需求是孙子的健康,不但要长得高高的,还需要身体壮壮的。同样的商品,话术不一样,最后的结果完全不一样，而再好的话术也离不开对于客户深层需求的精准把握。

所以，销售人员要学会换位思考，如果只是站在自己的角度考虑问题、说自己想说的话，往往就找不到客户的真实需求。

记住下面的销售口诀：**走出自己的世界，走进对方的世界，与对方内心开始对话，把他带到他世界的边缘，把他带到你的世界。**如果我们能用不同的视角看待他人和这个世界，能从别人的视角看问题，那就相对容易得多，沟通也会变得更顺畅。

想多成交就要多说技术型话术

随着经济的发展和技术的不断更新迭代，体验时代到来了，由此带来的最大变化是人们需求的变化。就像马斯洛需求理论所讲的那样：人的需求是不断增长的，当一个需求被满足，高一层次的需求就会产生。体验时代，人们的生理需求、安全需求已经得到基本满足，而更高层次的社交需求、尊重需求和自我实现需求逐渐被重视。

让用户体验美好看似简单，实际做起来并不容易，这需要企业给予用户超预期的服务，让他们形成较高的满意度，然后用户才会爱上这个品牌和服务，成为其口碑宣传员。

最好的服务是想办法让顾客在接触你的那一刻开始就保持非常好的心理感受，最后让他们心甘情愿为你的服务付费，下次还来光顾，并且还会告诉他认识的人"你的服务最好"。

卖手成交思维

作为销售人员要想给予客户良好的体验，必须学会说技术型话术。我在2016—2018年为某养发品牌服务时，曾经创造性地提出将话术分为两种，一种是销售型话术，另一种是技术型话术。在体验经济时代背景下，技术型话术尤为关键。比如，"今天是我们充值活动的最后一天了，明天就要恢复原价了，所以买到就是赚到，您今天就办张卡吧。"这就是典型的销售型话术，一切都是赤裸裸地围绕着"卖"这个目的展开，一般客户对此类话术都比较反感，特别是已经办理过会员的老客户，她们会觉得"怎么又要卖我卡了"。

而技术型话术的特点，就是客户在体验的同时，销售人员将体验的步骤、功效、原理介绍给客户听，让客户知其然还要知其所以然，慢慢感受到品牌服务的精致与专业，这样客户就愿意多来店里。而来店里的次数多了，自然就愿意续卡，一旦续卡就意味着销售人员可以产生现金业绩。所以，技术型话术是根本。

2017年，我为该养发品牌的某地区店的工作人员讲授题为"超级卖手"的课程，在讲课的前一天，我去店里做了课前体验。当时，一个小伙子帮我做头皮护理，我感觉特别舒服。一个半小时以后，他的老板过来问我："刘老师，这次体验感觉怎么样？"我说感觉挺好。于是，这位老板又问道："我刚才特意向养发技师交代了，有两个重要的穴位，分别是百会穴与太阳穴一定要按摩，不知道按了没有？"我说不知道按了没。这位老板又把刚才那位服务我的小伙子叫过来确认，最后证明的确是按了。但是，为什么我不知道他按了呢？因为，他只有按却没有说。

这个事例说明什么呢？当时，小伙子工作很认真，但全程都在操作并没有跟我有任何语言交流，所以，即使做得很好，工作流程很专业，但都没有让我这个"客户"知道。他们店的老板把员工叫过来再确认一遍，意在让我感受到被"认真对待"，被"重视"。

后来，我再给服务行业比如给美容院、养生院之类的工作人员进行培训，都会告诉他们：想要让客户有一个好的销售体验，不仅要做得好，还要说得好。消毒的时候要告诉客户，做某个流程的时候要告诉客户，边做边说，你的服务细节要让客户知道。比如，你可以说："姐，麻烦先往这边坐一下，我们公司有统一规定，所有的洗头盆要做到一客一消毒，您等我两分钟时间，我用两种酒精进行消毒。"当客户听到这些话，心里就会觉得这家店很注重卫生。有的门店工作人员会告诉客户，"姐，您等我两分钟，我们公司要求在服务您之前，我的双手要浸泡在牛奶中两分钟，两分钟后我们开始按摩。"客户听到这句话就会觉得美容师的双手非常丝滑，这家公司的服务做得非常好。所以，做得好，还要说得好，你要把产品的功效、步骤、使用方法慢慢介绍给客户，让客户明白你的用心良苦，而这些关于介绍产品功效、步骤、使用方法的话术，我们统称为"技术型话术"。

以下是技术型话术范例，注意：一个动作要配合一句话。

1. 接待

您好，欢迎您。请您这边坐。您稍等，我去给您倒杯水，请问您喜欢喝温水还是热水？（温水）姐，请喝水。（员工状态调整）

2. 自我介绍

您以前听说过我们店吗？（没有）我们是全国连锁店，全国一共有1700多家门店。本市有40多家，主要改善头皮头发的各种问题，比如，白发、脱发、发杆干燥，等等。您今天想了解哪方面呢？

3. 我有单张，来体验一下

好的，这是我们给会员办理的优惠卡，原价356元的玫瑰水润SPA，今天您拿着单子来，仅需要69元就可以体验了。

> 卖手成交思维

4. 介绍检测和店长

您这边请,我请我们店长给您检测一下头皮、头发,因为头皮与面部一样,针对不同的皮肤类型要选择适合自己的洗护用品。所以,为了给您做出更好的效果,请我们店长帮您免费检测一下,您请坐,我去请我们店长。

5. 填写资料:检测

介绍员工:陈姐,今天为您安排的是我们店非常优秀的理疗师小美给您操作。她服务特别好,又细心。我们的客户都特别喜欢她。预约她做理疗的人也特别多。

小美(对介绍员工说):陈姐的毛囊特别堵,今天送一次毛囊清洁,你等一下一定要做强化处理。而且陈姐的脱发情况比较严重,操作时要使用防脱洗发露,可以加强经络疏通。陈姐,那您先做护理,我等下再来看您。

6. 将客人带至洗头区话术

现在请您稍等,我去给您准备毛巾。

7. 做洗头盆消毒

我给洗头盆做下消毒。我们是一客一消毒的。

8. 扶客人躺下

毛巾准备好了,您可以躺下了,请小心。

9. 将客人头发完全梳理到洗头盆内

您好我叫小美,在整个服务过程中,如果您有什么地方觉得不舒服或者不满意的,请您一定要跟我说,如果您不方便说话,我就简单地跟您交流一下。

我们用的手法是健康洗头手法,在洗头发之前我要把您的头发理顺,以免在洗发的过程中头发打结,而且还容易伤害发质。您平时在家里洗头

42

时也要先将头发梳顺哦。

10. 头部放松

我现在帮您放松一下头部,请问这个力度可以吗?

11. 打湿头发话术

我现在帮您打湿头发,请问水温可以吗?

12. 选择产品

根据您的头皮情况,今天给您使用的是滋养防脱洗发露,头发脱落是因为头发缺失营养,所以这款洗发露很适合您,它里面含有姜根、红花、何首乌,能够滋养发根,使用时您会感觉到头皮部位微微发热,那是因为洗发水里面的成分有促进头皮血液循环的作用。姐,您在家选用的洗发水都是针对头发的还是针对头皮的?其实,选择洗发水跟选择洗面奶一样,不同肤质要选用不同的洗护品,这样发根才能保护好。发根好了,发质才会好。

在这个"无体验不营销"的时代,给客人营造体验感非常重要,但也不能光去做而不说,只有说得好,客户才能知道你的用心和诚意。所以,我们要把我们的价值说给顾客听,当他们觉得物有所值,来我们这里消费就是水到渠成的事情了。

少问产品性问题,多问背景性问题

有的销售人员很轻松地做到销冠,而有的销售人员甚至连基础的月业绩都完成不了,两者的区别在哪里呢?根本原因在于销售人员的说话方式，优秀的销售人员一说话就是卖手级别的，而有的销售人员一开口说话就变成了"杀手"，当然"杀掉"的不是对方，而是自己。

2017年，我去给某品牌吸油烟机的新疆代理商讲课，为了掌握他们店铺的销售水平，我提前去探了店。

一走进店里，销售人员就迎向我说："帅哥你好，欢迎光临！我想冒昧问你一下，你想选一个吸油烟机还是热水器？"我回答说："我想选一个吸油烟机。""你想买一个顶吸式的，还是想买一个侧吸式的？"我回答说："我也不知道是要顶吸式的还是要侧吸式的。"

他接下来问我第三个问题："那你是想买一个吸油量大一点的，还是小一点的？我们家有吸油量19立方米的，还有21立方米的，你想买哪一种呢？"我回答说："这两种有什么区别吗？"他问我第四个问题："你是想买一个欧式的，还是想买个现代式的？"我回答说："我也不知道我想买一个欧式的，还是想买一个现代式的，要不这样吧，我再到别人家看一看。"说完，我走了。这时，那位销售人员还在后面说："先生，你觉得合适了一会儿再回来。"

如果我真是想买抽油烟机的客户，我想我不会再回去了。

后来，我跟他们的管理者说，这个员工的销售话术就是典型的"杀手"，活生生把一个有需求的客户给"杀死"，这种员工必须立马改正，否则，你的销售业绩不会好起来。

为什么说这个销售人员不是一个卖手呢？因为他在向我发问时，问的都是产品内容，比如，顶吸和侧吸、抽油烟机的型号、欧式和现代式，这些不是客户的需求，也不应该由客户来回答。试想，如果换一个说法，问我一些背景性的问题，比如"我冒昧问你一下，你们家平时是谁做饭比较多？"这就是背景性的问题，而不是产品性的问题。如果我说："我在家做饭比较多。"对方可以说："哇，真是个爱家的好男人，你爱人嫁给你太幸福了。"客户听到这里肯定非常高兴。接着可以再问他："先生，你们家厨房是开放式的厨房，还是封闭式的厨房？"如果我回答是开放式的，那么销售人员可以接着说："现在的年轻人都喜欢开放式厨房。那你就可以选一个吸油量 21 立方米的，吸力既强大又显气派。"然后，销售人员接着问第四个问题："你们家的装修风格是哪一种的？"我说："我们家是现在最流行的黑白灰的现代风格。""你真是有品位又非常时尚，如果我没猜错的话，你很喜欢简洁明了又大方的装修风格。"

经过这几轮提问，销售人员基本上就能搞明白客户的需求，此时就可以根据自己的专业来推荐合适的抽油烟机，比如说："你刚才说，你在家里做饭比较多，身高是 176 厘米，所以侧吸式的吸油烟机比较适合你，可以让你在做菜的时候完全不用担心会磕到头。鉴于你家是开放式厨房，所以我强烈推荐你选择吸油量 21 立方米的，因为它最大的优点就是吸油烟量大，油烟瞬间就可以被它吸走，不信的话，你可以现在亲自体验一下。现在吸油烟机的款式非常多，我推荐你这一款，它是典型的黑色现代风格，跟你家的橱柜和地砖、瓷砖的风格是统一的。更巧的是这两天我们在搞促销活动，这款吸油烟机原价是 4888 元，打完折后只有 3888 元，你来得早不如来得巧，今天正好遇上活动，买到就是赚到了。"

两种问话模式，前一种是抓住产品发问，相当于把客户直接赶跑了，而后一种是采用背景性提问的方式，一步步引导，在明白了客户的真正需求之后，最终实现成交。记住，背景决定产品，所以，不能直接问客户要什么产品，而是要问客户使用产品的背景是什么，然后再推荐给他最合适的产品。

所以，想要从"杀手"变成"卖手"，就离不开对销售话术的学习。

开门五定法则：通过聊天挖掘需求

美国前总统林肯说过：当我准备发言时总会花三分之二的时间考虑听众想听什么，而只用三分之一的时间考虑我想说什么。我们都知道打仗要知己知彼，方能百战不殆。任何一句想要说服别人的话说出口之后，其能否成功的关键都在于听众是否认可和接受你说出来的话，因为客户是听众，是被说服者，而不是销售人员。

我有一个销售五定法则，通过销售的询问来挖掘客户的真实需求。

客户来到店里时，作为销售人员先不要着急向客户介绍产品，一定要做到开门五定，比如，可以事先列一张表格，通过有效提问和沟通，就能对客户的需求作出一个大致的判断，然后再给其介绍产品，这样做，销售人员对成交与否就心中有数了。

前一段时间我去一家品牌珠宝店，该店员工都学过我的课。其中一位销售人员问我："刘老师，想冒昧问一下，您是想给自己挑个戒指吗？"我回答她说："想给我爱人挑个戒指。""刘老师，您对您爱人真好！"就这样一问一答一赞美，让我对她的好感提升了很多。"我再冒昧问一下，您爱人的身高跟我相比的话怎么样？"我知道，这个销售人员是在确定买戒指的对象，以便推荐更适合的戒指款式。我说："身高跟你差不多。"接下来销售人员又问了我第三个问题："您爱人她平时喜欢穿休闲类的服饰，还是喜欢穿正装？"通过这些问题来了解客户的穿衣风格，以此来确定推荐什么款式的戒指更合适。当我跟她简单说了一下后,她为了确定又问了一句:"您爱人的肤色跟我相比较,是比我白,还是比我黑?"最后,她又问了我买戒指有没有预算。

简单的 5 个问题就知道了我的需求,通过分析我爱人的穿衣风格、身高、肤色以及预算,销售人员已经心里有数。这就是通过五定来确定客户的真实需要。

珠宝店开门五定:

(1)购买力(预算);

(2)对象(给谁买);

(3)风格(与什么衣服搭配);

(4)品类(戒指、项链还是耳环);

(5)五官(首饰的修饰作用)。

2022 年 6 月,我给长沙的某家装品牌做培训,当时我要求他们的销售人员必须先做到开门五定后,再向客户介绍产品。那么,家装公司需要哪五定呢?

(1)装修的进度(判断成交的时间节点);

(2)决策人(买单的事情谁说了算);

(3)在与哪家家装公司做对比(分析与竞品的优劣势);

(4)住哪个小区(判断购买力);

(5)装修风格。

很多销售人员常犯的低级错误就是生怕自己的产品卖不出去,于是见人就推销自己的产品,比如"我是做健康产品的,我觉得健康是人人都需要的,所以我们的产品你能用得上"。卖眼镜的,面对数量庞大的手机电脑用户,以为自己的眼镜肯定人人需要,所以见人就推销自己的眼镜"现在电子产品用得久会坏眼睛,所以您肯定需要一款眼镜"。销售人员所说的并不是客户的真正需求，而是销售人员所不认为客户需求。

　　好的话术可以帮助销售人员利用有效沟通来挖掘客户的真正需求，因为产品是用来满足需求的，但产品本身不一定是需求本身。而且，客户的需求不是靠揣摩出来的，而是通过交流、交心得来的。就像中医大夫要通过"望、闻、问、切"四诊法来确诊疾病的种类和轻重程度，之后才能对症下药。人们肯定不会相信那些热情的卖药推销员，但都会相信医生，就是这个道理。

　　这跟我们卖东西是不是一样的道理呢？不同的客户就像不同的"病人"，问题不同"症状"肯定不同，自然需求也不同，解决方案也是不一样的。那我们在跟客户交流时，在与客户建立感情后转变客户观念，这个过程中可以了解客户、筛选客户，并判断客户是否真诚购买商品，另外，挖掘客户需求的过程也是一个知彼的过程。

　　所以，我们在与客户聊天时，一定要懂得不管他身处哪个行业，不管他有什么样的困惑，不管他有什么样的需求，他在内心里都非常渴望被重视。客户对待我们的态度，是由我们自己来决定的，当我们了解他的职业特点和他所在行业的优势和劣势之后，再根据客户的性格，有针对性地去引导，挖掘其痛点，这才是真正符合人性的交流方式，才能更容易让客户接纳我们。

一则故事看懂如何正确了解客户需求

　　在销售过程中，大部分销售人员处于被动地位，虽然在与客户沟通时说了不少话，但最后却没有成交。多数情况下，都是客户在问，销售人员在解答。没有经验的销售人员大多会迎合客户的需求，而不是去正确引导其说出自己真正的需求，结果是客户不停地问，弄得销售人员只能一味地回答，完全忘了如何掌握主动的节奏。很多销售人员以为只要回答了客户提出的问题，自己就能赢得客户的好感，就会让结果变得水到渠成。这实在是一种天真的想法。其实，客户之所以一直提问，是对方在探你的底牌。如果你不知道客户真正关心的是什么，主要的问题在哪里，那只会被客户牵着鼻子走，这种情况下，你说的话怎能切入客户的要害呢？

客户之所以愿意和你谈话，是期望你能以你所擅长的专业角度出发给出建议。所以，你就应该像医生一样，给客户做诊断，而诊断的最好方式就是有策略地提问，在知道了客户的真实需求以后，再进行有效引导，这能使你在这个过程中掌握主动。

我们看一个引导客户需求的经典案例。

一位老太太去买菜，路过四个水果摊。四家卖的苹果品质相近，但老太太并没有在第一家和第二家买苹果，而是在第三家买了一斤苹果，更奇怪的是她在第四家又买了两斤苹果。

1. 摊主一

老太太去买菜，路过水果摊，看到卖苹果的摊主，就问道："你这苹果怎么样啊？"摊主回答："我的苹果特别好吃，又大又甜！"老太太听后，摇摇头走开了。

这个摊主充其量就是个"王婆"——自卖苹果自夸香甜，他没有探寻老太太的真实需求，不知道老太太想要什么，所以不会达成交易。

2. 摊主二

老太太又来到一个摊子前，问道："你的苹果甜不甜？"摊主被问道措手不及，说道："早上刚到的货，没来得及尝，看这红润的表皮应该很

49

卖手成交思维

甜。"老太太听后，二话没说扭头就走了。

这位摊主诚实有余，对产品信心不足。既没敢说出自己想说的话，也没说出客户想听的话。作为销售人员，应该做一个自信从容的产品代言人。自己既没有对产品亲身体验，所以也说不出真实和详细的感受，而这种真正的体验才是卖点。销售人员对产品的态度模棱两可，客户更不会放心，所以，老太太没有听到她想要听的话，只能扭头就走。

3. 摊主三

旁边的摊主见状问道："老太太，您要什么苹果，我这里种类很全！"

老太太说："我想买口感酸点的苹果。"摊主："我这种苹果口感比较酸，请问您要多少斤？"

老太太说："那就来一斤吧。"这位摊主较前两位有进步，学会了用询问来发掘客户需求，迈出了销售最有效的一步，客户只是说出了一点儿需求，而摊主也没有继续深挖背后的动机，属于客户自主购买，那摊主的销售肯定不会放到最大化。再看看最后一位销售得非常不错的摊主是怎么做的。

4. 摊主四

老太太又看到一个卖苹果的摊位，便过去询问道："你的苹果怎么样啊？"

摊主说："我的苹果很不错的，请问您想要什么样的苹果呢？"（用询问来探究客户需求）

老太太说："我想要口感酸一些的。"

摊主说："一般人买苹果都是要大的甜的，您为什么要酸苹果呢？"（继续用询问探究更深的需求）老太太说："我儿媳妇儿怀孕了，想吃点口感酸一些的苹果。"摊主说："老太太您对您儿媳妇儿真是体贴啊，将来您儿媳妇儿一定能给您生一个大胖孙子。（适度恭维，拉近距离，这是人最爱听的话）几个月以前，附近也有两家要生孩子的，她们就来我这里买苹果,(用案例说话,让客户信任)您猜怎么着?这两家的孩子都生得白白胖胖的,(营造情景,给老人以想象)您想要多少苹果啊?(把握成交时机,直接让顾客成单)"

老太太说:"我再来两斤吧。"

老太太被摊主说得高兴了。摊主又对老太太介绍其他水果。

摊主说:"橘子也适合孕妇吃,口感酸甜还含有多种维生素,特别有营养(连单销售,不声不响地把竞争对手的机会占了),您要是给儿媳妇儿来点橘子,她肯定开心!(愿景引发)"

老太太:"是嘛!好,那就来三斤橘子吧。"

摊主:"您人可真好,儿媳妇儿摊上了您这样的婆婆,实在太有福气了!(适度的赞美,说人想听的话,达到既销售了产品,又维护了客户)"摊主称赞着老太太,又说他的水果每天都是几点进货,天天卖光,保证新鲜,要是吃好了,让老太太再过来(建立客户黏性,从新客户发展成老客户)。

老太太被摊主夸得开心,说:"要是吃得好,让朋友也来买。"然后提着水果,满意地回家了。

所以,真正的销售不是一味地听客户问什么然后去回答什么,而是要听完客户的问题,再根据具体的需求去正确引导。事实上,百分之八十的成交都来自销售人员正确的引导。

"一问一答一赞美"快速拉近与客户的距离

赞美是一种力量,也是一种能力,被誉为销售中的终极利器。赞美别

卖手成交思维

人,不单单是说一些甜言蜜语,而是要根据对方的文化修养、性格、心理需求、所处背景、角色关系、语言习惯,乃至职业特点、性别年龄、个人经历等不同因素,恰如其分地表扬或称赞对方。

很多人以为赞美就是夸奖,而且不顾场合、不论身份地使劲夸奖,事实上这是一种误区。在销售中赞美对方时要多方面考虑。什么样的赞美才会让人觉得"高级"和"受用"呢?

一方面,要避开赞美的坑,也就是说,赞美之言也是有大忌的。比如"真好看""真漂亮""真帅""身材真好""真棒""真好吃"……这些流于表面和浮夸的赞美之词,让对方听了之后会感觉不真诚,而不真诚的赞美相当于讽刺和挖苦,不但对销售无益反而有害。

另一方面,作为销售人员,不能上来就直接赞美对方,那样不但不真实而且还显得很浮夸。那么,我们如何进行正确有效的赞美呢?第一种赞美可以通过询问背景性的问题来进行,用一句口诀来概括就是"一问一答一赞美",用一个字来概括就是"哇"。"问"是指销售人员问客户背景性问题,得到客户回答之后,给客户一个赞美。

比如,有一次我带孩子去一家门店,销售人员一看到我家孩子,就问:"帅哥,你家孩子多大了?"我说孩子十岁了,于是销售人员说:"哇!您好年轻呀,看起来不像十岁孩子的父亲。"再比如,销售人员问客户住在哪里,当对方回答说住在帝豪公馆的时候,应该由衷地说一声"哇!您住的那个小区属于高档小区,物业管理很不错。哥,您这么年轻就住上了帝豪公馆,您真是年轻有为啊!"从侧面去赞美对方的身份,别人就会感觉很受用,从而实现"一问一答一赞美"。所以,当客户透露一些信息给我们的时候,就是赞美他们的最好时机。

第二种赞美可以用两个字"我也"来进行,也就是找到与对方的共同点。共同点越多,越好成交,做销售就像谈恋爱,要投其所好。比如,一个男孩子追一个女孩子，还没有追到手，男孩子问女孩子："亲爱的，你中午想吃点啥？"女孩子回答："中午我想吃点麻辣烫。"这个时候男孩子怎么说？"哎呀，太巧了，中午'我也'刚好想吃麻辣烫，看来咱俩天生是一对的，连想吃啥都想到一起了，心有灵犀一点通，所以我们都有共同的语言。"这就是找共同点。

如果客户说自己住在幸福小区，你就可以顺着客户的话说："哇，幸福小区，真是好巧啊，'我也'天天经过幸福小区，昨天晚上我还在幸福小区楼下的龙虾店吃夜宵呢，住在幸福小区吃喝玩乐都很方便，我们有很多老客户也是住幸福小区的。"这里既有赞美，又找到与客户之间的共同点，瞬间拉近了与客户之间的距离。

在销售方面有个简单的三三法则，分别是销售"三会"：会聊天、会赞美、会认同；销售"三不"：不抱怨、不小气、不生气；销售"三不急"：不要着急报价、不要着急介绍产品、不要急着卖；销售"三着急"：要着急倾听客户的问题，要着急了解客户的需求，要着急去塑造产品的价值。

人人都知道赞美别人是一项重要的语言能力，但只有学会如何赞美，才能真正达到与客户拉近距离并让其产生信赖的目的。

"见人说人话，见鬼说鬼话"是个真理

所谓"见人说人话，见鬼说鬼话"，就是要销售人员分清楚客户的身份再与其聊天，对其赞美。比如，客户说自己是老师，那你可以说："我

从小一直想当老师，长大了也一直尊重和羡慕当老师的人。"客户说自己是医生，那你可以说："医生这个职业真是了不起，救死扶伤，是多少人渴望又令人尊重的职业呀！"这就是说适合对方身份的话。

如果对方是商务人士，就应该多说赞美和恭维其经济实力的话；

如果对方是教师，就应该多说表示尊重的话；

如果对方是某领域内的专家学者，交流时就多说关于该领域内知识的话；

如果对方是饭店服务员，就多说些体贴与关心的话。

当沟通方式能与对方身份相符，沟通自然会变得顺畅，交易也就更加容易达成。

因为每个客户的情况不同，所以，对产品或服务表现出的热衷程度也因人而异。如果销售人员一味地介绍自己的产品或服务，那就会使客户产生反感。好的销售人员不是"能说"的人，而是"会说"的人，会根据对方的身份去与之聊天。

一个销售人员话说得越多，可能漏洞也就越多，客户更有可能提出反对意见。所以，销售人员如果没有针对客户需要而推荐自己的产品，就会让客户产生一种"王婆卖瓜自卖自夸"的感觉。多让客户发言，客户说得越多，销售人员越能掌握客户的心理，越能就客户提出的问题给予有针对性的回答。而且，销售人员只有多听，才能知道对方是什么身份，才能说出适合对方身份的话。

另外，女性和男性在沟通方面也有本质的不同。女性一般很喜欢别人谈论她的衣着、外貌、家庭，乐于接受别人赞美自己的孩子、爱人、穿衣品位，所以，她们需要一个好的倾听者。在与女性客户交谈时，保持愉悦、放松的气氛是十分重要的。常用的赞美女性的话术有："您给我的第一感觉是一个懂得生活的人，您的家人一定是非常幸福的。""您给我的感觉是一个非常漂亮、非常有品位的人。""您给我的感觉是一个气质十足、非常贤惠体贴的人。"

而大部分男性需要单刀直入，尽快解决问题，不喜欢漫无边际地闲聊，所以，销售人员要尽量直接切入中心，语气上的自信与肯定会赢得对方的好感。常用来赞美男士的话有："您的眼光真不错。""您一看就是一个注重品质的人。"

适度的赞美可以拉近人与人之间的距离，人们都喜欢得到别人发自内心的肯定和赞美。

得到别人的肯定是人的心理的一种本质需求。我们作为一名超级卖手，同样需要用赞美的语言去满足客户的心理需要，进而增加销售量。所以，针对不同的客户，使用不同的赞美语言，是销售人员需要不断学习的技能。

倾听是一种无言的赞美

赞美不仅仅要说，更要听。如果说得多却说不到点子上，那还不如用心倾听。在多数人看来，你能用心倾听他说话，就是对他最大的尊重。倾听是一种无言的赞美和恭维。在真正了解对方的需求后再表达自己的观点，不仅可以赢得对方的尊重与信赖，还能给我们带来意想不到的收获。

倾听是说的一部分，并且是相当重要的一部分。夸夸其谈的人不一定就是会说话的人。惜字如金的人也不一定就拙于言辞，关键是要会听，必要的时候，可以闭上嘴巴，竖起耳朵，这样做反倒能把话"说"得圆满。

卖手成交思维

20%靠话术，80%靠倾听，这是销售心理学给出的结论。

倾听并不一定是耳朵的事，手、眼、心并用才能达到最佳效果。所以，在倾听时，要学会察言观色，注意观察顾客的表情和肢体语言。另外，听话还要听弦外之音，即关于主题内容之外的信息。这些信息对了解客户的基本情况和真实心理有非常重要的作用。

那么，在具体场景中，倾听有哪些注意事项呢？

1. 距离

如果是陌生人，基本可以与其保持一米左右的距离，不能太近也不能太远。太近则过于亲密，太远又显得生疏。如果是关系亲密的朋友，或者是关系很不错的同事、伙伴，可以保持在半米左右的距离。如果准备用谈判的方式来进行销售，谈判桌一定不能特别大，因为只有恰当的距离才能让沟通更好地进行。

2. 身体方向

除了距离，还要重视身体的方向。要让身体略微倾斜，这种姿势会让人放松；要直面对方，更不能直勾勾地盯着对方，这样彼此就不容易紧张。如果遇到一些必须面对面的场合，比如，面对面谈判，那就要尽量克服自己的紧张情绪，展示自己的亲和力和放松状态，这有利于发挥说话者的优势和水平。

3. 其他

（1）微笑。爱笑的人运气一定不会差。当你微笑的时候，能够让别人感觉自在和放松，有利于沟通开展，学会微笑，不要总是绷着脸，相信微笑能带来好运。倾听的时候微笑，说明你在意对方，让对方感到温暖。

（2）目光。目光集中在对方面部从眼睛到下巴的区域，眼神可以在这个区域游移，这个状态会向对方释放一个你在认真听的信号，但不能直勾勾地盯着对方。

（3）点头。点头表示同意和认同，当对方说话的时候，你可以通过点头来传达你认同对方的观点，也可以用点头来鼓励对方继续说，或者通过赞许的眼神来暗示"我好喜欢听，您多说一点"。

对于一个优秀的销售人员来说，他的沟通技巧要让客户说更多的话，说出其遇到的问题和对产品的需求，从而利于自己推荐合适的产品。

必在适当的时候向客户提问。销售人员去见客户的主要目的就是签单，在倾听的过程中也要学会向客户提问，从而获得关键的信息，再适当地推荐产品，使得对方在不知不觉中就了解了产品，这有利于签单。

成交大客户，必须先要建立亲和力

在成交大客户的时候，我们不但要让客户觉得自己买的产品是超值的，还要让对方在感情上也能获得很大的满足。这才是销售高手应有的境界。如何才能达到这种境界呢？答案是投其所好。怎么才能做到投其所好呢？就是要有亲和力，要寻找与客户之间的共同话题。

举个例子，维森是美国一家知名啤酒公司的推销员，由于业绩很出色，一直以来都颇受领导的信任，维森对自己也很自信，在维森看来天下没有难做的生意，可是他遇见了一个让他束手无策的酒店老板——一位华侨。因为这家店里的啤酒已经有专门的供货商了，所以维森要将自己的啤酒打入这家酒店就有些难度了。他进行了多次拜访都没有什么收获，虽然被酒店老板多次拒绝，可是依然不放弃。后来，他打听到老板最大的爱好就是写字、画画，于是维森改变了战略，放弃拜访，转而去研究在中国

卖手成交思维

具有影响力的书画和书画家。虽然这对维森来说不是一件容易的事，但是他知道这可能是他唯一的机会了。当维森再次与酒店老板约见的时候，他没有直接推销啤酒，而是聊起了酒店墙上的字画，酒店老板一听觉得很惊讶，这个外国人居然说得头头是道。于是，老板便来了兴趣，两个人就聊了起来，越聊越投机，整整聊了一下午。几天后，这个老板不仅主动打电话邀请维森一起喝茶、聊天，还向维森提出了从他这儿进啤酒的请求。

三年前，济南分公司的一位销售冠军开发了一家木门公司，后来他与我分享成交心得时说，能成功开发该客户完全是偶然，原因是在拜访该公司董事长的时候，他们聊起了一幅挂在办公室墙上的书法作品。原来，他从小就是书法爱好者，而该木门公司的胡董事长也非常喜欢书法，两个人就书法这个话题找到了共同点，也为最后成交打下了基础。这个案例看似偶然，其实也是必然，看得出来他从小就很爱学习，除了书法，他对环境堪舆、红木家具等也很有研究，而这些领域都是一些公司老板所喜欢的。所以，如果销售人员平时爱好越多，那他与客户之间的共同点也就越多，成交的概率也就越大。

有的销售人员跟客户有聊不完的话题，而有的销售人员就是妥妥的话题终结者，背后的原因就是没有搞清楚与客户聊天的流程与步骤，很多客户不愿意跟销售人员聊天是因为具有"害怕陌生"的心态。那么，如何通过正确的聊天方式才能让客户打消这种顾虑、快速建立亲近感、产生共同话题呢？我推荐与客户聊天的四步法。

1. 夸奖表示认同

比如，你问客户喜欢什么，当客户回答了以后，你一定要夸奖客户。如果是拜访大客户，你就要迅速观察客户的办公室装修、个人着装、饰品摆件等，这些都可以从侧面观察到一个人的喜好。

2. 跟进求细节

比如，你已经了解完客户喜欢什么，此时一定要跟进，对客户进行更深层次的挖掘，用请教和求知的态度继续询问客户。只有这样，客户才会打开话匣子跟你聊更多细节方面的话题，因为人都有炫耀的心理，客户也不例外。

3. 共同话题找可能

比如，你在询问客户喜欢什么的时候，你要在认同客户的基础上表示你也喜欢，以此来寻找共同话题，促进相互交流和拉近距离。

4. 复述坚定信念

当听到客户喜欢什么以后，你要用一种惊讶的语气说"原来您也喜欢某某事情"，或者重复一遍客户的意思。

销售人员要明白，聊你自己的专业是推销，而聊客户喜欢的东西，才能促成成交。所以，真正地建立亲和力，寻找共同话题就是对客户投其所好，客户喜欢什么就聊什么。

高级销售从来不能说"没有"

一位客户到一家童装店里，问销售人员："你们家有200元左右一套的衣服吗？"销售人员听后有点犯难，因为店里最便宜的童装都要400元一套。于是就回答："不好意思，没有哦，我们家最便宜的也要400元一套。"听完，客户扭头走了。请问，这一单还有挽救的机会吗？我认为是有的，因为这位销售人员根本没有去了解客户的需求。请问，200元的衣服是客户的需求吗？我在之前的文章里提到，产品不是需求，解决问题才是需求。所以正确的销售流程应该是这样的。

销售人员："姐，我冒昧问一下，您为什么一定要买 200 元左右一套的衣服呢？"

客户："因为我领导的小孩过生日，我想买点礼物送过去，但我的预算就控制在 200 元左右。"

销售人员："哦，原来您不是给自己家孩子买衣服，是买来送礼的呀。那我给您提个建议，如果送礼的话，买童装不太合适，一来童装的尺码难以把握，毕竟小孩子没有过来试穿，万一尺码不合适的话，您再来回调换，多麻烦啊；二来童装包装后体积比较小，送礼显得不够大气。所以，我建议您考虑一下我们家的这款小熊玩偶，玩偶小孩子都很喜欢，而且可以玩很长的时间，不用担心尺码问题。而且玩偶还有个优点，就是体积大，送礼显得特别有面子。更关键的是，玩偶是我们家的小众产品，价格也不高，才 280 元，正好在您的预算范围之内。"

客户听完后，觉得销售人员说得特别有道理，于是就改变了主意，最后买了玩偶。

所以，假如客户要的产品，是我们公司没有的，那你千万别着急回答说"没有"。而是要多问问客户买产品的目的是什么，为什么要买这个产品，然后，再看看我们公司有没有其他产品是可以替代的。

比如，客户想买某品牌的晚霜，而你家又刚好没有，这时你要问客户买这款晚霜想解决什么问题。如果客户说想要去皱保湿，那么你完全可以推荐一款去皱保湿效果更好的护肤品来替代。

比如，客户买某手机的本质是看重其性价比，如果你家还有一款手机的性价比比该品牌手机还高，你就可以尝试用性价比更高的产品来替代。

所以，销售高手从来不向顾客说"没有"，而是努力寻找新的解决方法。有位学员问我是否愿意收他为徒？我从来不收徒弟，但是我不能回答他"我不愿意",因为这样就把他撵走了。这个时候,我就问他:"您为什么要向我拜师呢?"他说可以跟我学习到很多销售知识,另外,他将来也渴望自己成为讲师。原来他的需求是想当讲师,于是我回答他:"那可以啊,我可以一对一地辅导您,您购买我的课程,我可以单独教您,我的渠道也可以向您敞开。"

同理,除了销售人员不要向客户说"没有"之外,还有一种智慧销售——通过正确的提问,会让客户无法说"不",也就是不让其说出拒绝的话。

在设计开场白时,销售人员可以提出一些接近事实的问题,让客户不得不回答"是"。这是和客户结缘的最佳办法,非常有利于销售成功。比如,我给一家美容院设计的开场白是这样的。

销售人员:"哦,打扰一下,漂亮小姐,请问您住在附近吗?"

客户:"是呀!"

销售人员:"小姐,我想向您了解关于平时美容的事,请问您愿意吗?"

客户当然会点头。

销售人员:"请问您平时喜欢化妆吗?"

客户依然会点头。

销售人员:"那么,我现在把一套化妆品放到您这里,您可免费使用,请问您愿意吗?"

客户:"可以呀!"

销售人员:"小姐,您能答应我一个要求吗?也就是说,如果您的贵客或者您的小姐妹来后也要让她们用。请问您能答应吗?"

客户:"当然可以!"

销售人员:"如果她们喜欢的话,您能帮忙把我们公司的客服电话号

卖手成交思维

码告诉她们吗？"

客户："可以啊！"

问完这些问题之后，销售人员留下电话号码就告辞了。几天后，销售人员再来的时候，这位客户已经决定买下上次的化妆品，并且又多买了几套，显然是替她的朋友买的。

以上这个例子，销售人员根本就没有给客户说"不"的机会，因此，客户才购买了产品。如果换个不太懂开场白的销售人员，一开始就说："你要不要买我们这套化妆品呢？"其结果肯定不会理想。

不会做销售的人，只会一味地去说自己的产品怎么好，但现实的情况是，客户的需求在没有被挖掘出来的情况下，即使产品再好对方也未必会买。不懂与客户建立信任的人，是不能获得客户的信任该其产生购买行为的。销售人员不说"不"，正确引导客户不让客户拒绝，这都是在与客户建立彼此信任。只有迈开了这一步，才能有后面的成交。

销售会讲故事，99%的客户能成交

很多销售人员在销售产品时，一心只想着如何去说服客户去购买产品，所以在与客户沟通时，大多时候讲的都是一些道理，以及自己的产品是如何如何好，这样的做法虽然把产品的功能、好处、卖点都讲到位了，但却不能真正打动客户。真正厉害的销售高手都是通过讲述产品故事，引导客户快速成交！

因为人们有个共性，那就是喜欢听故事，而不喜欢听别人讲道理，更不喜欢被说教。如果用讲故事的方式来介绍自己的产品，就能够收到很好的效果。

有一次，我去一家商场调研，在某冰箱品牌的柜台前，装作客户的样子对销售人员说："你们的产品质量有保障吗？"

这位销售人员没有立即回答我的问题，而是给我讲起了他们公司总裁上任时砸冰箱的故事，这个故事让我立马对该品牌的冰箱的质量放心无比。

任何商品都有关于自己的有趣的话题，比如，它的发明及生产过程、产品带给顾客的好处，等等。

销售人员可以挑选其中比较生动和有趣的部分，把它们串成一个令人感动的故事，作为促进销售的有效方法。

销售大师保罗·梅耶说过：用这种方法，你就能迎合客户、吸引客户的注意，使其产生信心和兴趣，进而毫无困难地达到销售的目的。

当然，讲故事也是有技巧的，不能为了讲故事而去生搬硬套胡编。销售人员不但要讲接地气的大白话，还要讲真实的故事，如果再配以道具那就更容易引起客户的兴趣，得到客户的信任。如果销售人员在讲故事的过程中有照片，如签约的合同、微信截图、使用过的道具等，那就更好了。这些是客户能够看得到，摸得着的。这个故事的真实性及对客户的触动性就会很大。

比如，某净化器的品牌故事。该净化器的销量在京东平台上的排行非常靠前。一方面虽然有京东大促做助力，另一方面则是粉丝经济带来的效益。在品牌创立之时，有很多粉丝愿意加入运营产品社群，做产品分享。据创始人透露，该品牌的故事，是爸爸们给孩子做净化器的故事。该品牌起源于此。更重要的是它赋予了创始人再次创业的机会。因此，他们将这个故事讲到了极致。"偏执狂的爸爸给孩子造净化器，我爱你，以呼吸为证,我虽然不能伴随在你的身边,但让我的爱如空气。""我对极致的追求也是你成长路上重要的陪伴。"

在品牌故事传播过程中,体现出了一种父亲对孩子近乎偏执的爱,刻画勾勒了一位爱孩子爱到极致的父亲形象。透过故事传递出的这种精神力量所表达出的已经不仅仅是净化器本身,而是一种深刻的品牌精神,引起了更多感同身受的爸爸们的共鸣,同时,品牌概念的情感传播有效规避了广告性的硬性抵抗,也自然地引发了很多媒体的自发传播行为。

可能很多人认为,讲故事好难啊!不会讲、讲不好,怎么办啊?其实,把故事讲好很简单,有些人之所以感到困惑和为难,是因为对讲故事的概念不够清晰罢了!比如,讲产品背后的故事,或者发生在行业内的新闻趣事,这些都属于讲故事。

销售人员想要把故事讲好需要遵循以下三个原则:

1. 意图明确

讲故事的最终目的是打动客户,让客户产生购买动机,通过生动的故事打消客户顾虑,彼此间建立信任关系,为下一步成交做准备。

2. 故事内容力求真人真事

只有真实,才能获得客户的信任,切记不论是讲自己的产品还是讲自己的品牌故事,不能吹嘘,因为客户都不傻,可对比的渠道也非常多,如果你弄虚作假,客户会非常反感。一方面可以从产品角度去讲产品发明人的经历,在这个过程中他克服了哪些困难,产品的创意来源等。比如,某个婴幼儿产品品牌的创立灵感,就源自一位做工程师的新手爸爸,他想让自己的孩子得到一款健康的好产品,于是便创立了该品牌,这就是品牌创始人的故事。另一方面,还可以立足客户角度,比如,什么样的客户,经过了怎样的过程,最后还是选了这款产品。最后是销售人员自身的经历,平时注意收集自身以及同事服务客户的故事。在故事中加入人名、地名、时间等要素，细节越多，可信度越高。比如，效率提高 32.5%，听起来就比提高 50% 靠谱。

3. 如果品牌没有故事，就讲自己的故事

很多销售人员向我反映，他们销售的品牌创立的时间不久，也没有太多可以讲的故事，那应该怎么办？我给出的建议是多讲自己的故事，可以围绕自家产品使用后的真实体验感来讲。比如，有很多化妆品的销售人员，喜欢告诉客户，自己在使用某个品牌的化妆品后，感觉效果不错，然后就选择加入了这个品牌。这类故事，可以打消客户心里的疑虑。另外，也可以说说客户的故事，特别是客户在使用产品后的反馈故事，可以让未成交的客户产生同理心，从而实现购买。

唤起客户好奇心，并将它转化为购买欲望

销售的过程实质就是让客户产生购买意愿，并形成购买决定的过程，销售人员的行为，只有与客户的心理购买过程保持同步才有价值，重点是销售人员要掌握客户的心理变化。

在销售人员给客户展示产品时，要先唤起客户的好奇心，引起客户的注意和兴趣，让客户感觉有需求感，这个过程要与客户的心理保持同步，要了解客户的心理变化过程，进而对产品的技术特点及功能进行阐述说明，来激发客户的购买欲望。

一名保险销售人员刚与客户见面就问："一个救生圈，您打算出多少钱买？""我不需要什么救生圈！"客户回答说。"如果您坐在一艘正在下

沉的船上，您愿意出多少钱买呢？"如此令人好奇的对话，可以引发客户对于保险的重视和购买欲望。保险销售人员阐明了这样一个思想，即人们必须在危险出现之前投保。

好奇心是人类的天性，是人类行为动机中最有力的一种。如果客户对你是谁及你能为他们做什么感到好奇，你就已经获得他们的关注了。相反，如果他们一点也不好奇，你将寸步难行。换句话说，如果你能激起客户的好奇心，你就有机会创建信用，建立客户关系，发现客户需求，提供解决方案，进而获得客户的购买机会。

某百货商店的老板曾多次拒绝接见一位领带营销人员，原因是该店有一家固定的领带供应商，老板认为没有理由也不好改变固有的商业关系。

一天，这位领带营销人员又来了，这次他先是递给老板一张便笺，上面写着："你能否给我10分钟就一个经营问题提一点建议？"

这张便条引起了老板的好奇心，营销人员被请进门来。他拿出一条新式领带给老板看，并说道："这种领带用了一种特殊的香料，这种香料的价格非常昂贵，而且制作工艺也比原来的复杂了10倍。它佩戴起来会让人浑身有一种淡淡的香味，令人心情畅快，它深受年轻人的喜欢。鉴于此，请您报一个公道的价格。"

老板仔细地端详这条新式领带，感觉它确实是一件不一样的产品，看得出来，他有点爱不释手。突然，营销人员说："对不起，时间到了，我说到得做到，不能耽误您的时间，我得走了。"说完，拎起包要走。老板急了，要求再看看那些领带。最后，老板按照销售人员所报的价格订购了一大批货。

每个销售人员都知道勾起客户的好奇心十分重要，但在实际生活中，有95%的销售人员都不具备这种能力，很多销售人员只懂得按照公司设计的说辞来介绍产品和销售，结果发现客户从头到尾都没将其说的话听进去，这种销售话术往往是失败的。

如何激起客户的好奇心，这里有四种简便易行的话术可供参考。

1. 向客户提供刺激性问题

比如"我能问个问题吗？"被询问的客户会很自然地回答："好的，你说吧。"好为人师是人的天性，一般客户在听到对方带着请教的口吻提问题时往往是乐意回答的。

"张姐，我们的手镯大小没变，但是重量只有以前的一半，大大减轻了佩戴负担，您知道我们的工艺流程吗？"

"王哥，我们的空调一个晚上只需要一度电，您知道我们是怎么做到的吗？"

"帅哥，中国人习惯性地把所有的床垫都叫作'席梦思'，您知道是为什么吗？"

2. 利用群体趋同效应

比如，销售人员可以说："坦白地讲，王先生，我已经为您的许多同行解决了一个非常重要的问题。"这句话足以让王先生感到好奇。当他听到"为许多同行解决了重要的问题"时，肯定想知道是什么问题以及如何解决的。

比如，"美女，这款冰箱已经畅销 3 年了，我们家每个月要卖出去 10000 台，您知道为什么吗？"这个时候，客户就会很好奇，想了解为什么这款冰箱的销量这么好。

再如，"帅哥，我们的这台新能源车还没有上市，但是预订量已经超过 10000 台了，您知道是为什么吗？"

3. 为客户提供新奇的东西

比如，"张先生，我们将推出两款新产品帮助人们更便捷地进行电子商务活动，这将对您的业务产生冲击，利用得好就是助力，利用不好会带来负面影响。"这个时候，客户张先生肯定愿意了解，甚至愿意与你签订协议。

"张小姐，今年我们家推出了一款可折叠的手机，您有兴趣了解一下吗？"

"王先生，我们家这个月推出了第三代麻将机，洗牌的速度是传统麻将机的3倍，您有兴趣了解一下吗？"

"刘总，这是萧山地区唯一解除限购的低密度洋房，紧邻萧山市区，且是精装准现房，总价仅需370万元起，没有缴纳社保的客户也能买，您有兴趣了解一下吗？"

4. 不给客户提供全部信息

如果你的客户知道了他想知道的所有信息，那就不可能对你的产品产生好奇。所以，在微信上经常有客户说，"你可以把你的产品信息或是促销信息发给我看一下吗？"这个时候我们一定要回答："我发布的只是照片，具体的产品信息还需要您到现场来，我好就一些细节为您讲解。"

如何巧妙应对客户对产品的质疑

销售人员常常会听到有些客户抱怨说："你们的产品质量好像不怎么样。""你们的产品性能好像也不是很稳定。"面对这种质疑，销售人员该怎么处理才能让客户满意呢？

我在给某女子塑形中心辅导的时候，他们就提出过一个问题，很多前来消费的顾客，在到了办卡环节就会问："办卡能保证我的减肥效果吗？如果能保证效果，我今天就刷卡，如果不能保证效果，我就不办。"于是，销售人员就被难住了，不知道该如何巧妙地回答才能让客户对产品产生信任。我给他们推荐一套简单的话术来应对这类问题："对于您的顾虑，我很理解，我们店的宗旨就是给客户带去切实的效果，不然我们也不可能这么多年一直经营得这么好，大多数客户在我们这里都收到了明显的效果，成了老会员，而且还给我们介绍来很多新会员。不过，想要取得好的效果，需要我们付出70%的专业水平，您也得有30%的参与度，这就像同一个老师教出来的学生，有的学生能考上'清华''北大'，有的学生却还要留级，这个结果不取决于老师的教学水平，因为老师教的课都是一样的，那么为什么有些人考上了'清华''北大'呢？原因很简单，这些孩子有非常好的学习习惯。而为什么会有人留级呢？因为这些孩子没有很好的学习习惯。所以，我们的手法和疗程都是一样的，至于最终能不能取得预期效果，则取决于客户您的生活习惯。如果您在我们这里办了卡，却不改善生活习惯，继续迟睡、迟起、打牌、抽烟或是暴饮暴食，这样收到的效果就不会很明显。所以，今天在我们这里办卡，同时您也得到了我们的监督，能够帮助您变得更自律，养成早睡早起的好习惯，我们双方配合才会取得更好的效果。"

这样一来，我们要成功地转移了话题，将客户担心的效果问题转移到如何配合才会取得好的效果上来。很显然，如何配合是更加有利于我们成交的。

如果客户问："你们的产品质量会不会有问题？"

销售人员回答："张总，您对质量有些担心，是您以前有采购过质量不好的产品，客户投诉很多是吗？"

客户："嗯。"

销售人员问："具体是怎样的问题呢？"

客户就会跟销售人员诉苦。

这个时候销售人员要做的就是耐心倾听，适时附和，最好是看着对方的眼睛。然后告诉他：这事情在我们家，您完全可以放心……

此时，我们可以把客户见证的图片，或者返修率数据拿出来给客户当面看一看，做到让客户完全放心。

在销售过程中，客户有顾虑是正常的，因此，当客户出现"担心"这种负面情绪时，我们最好能问出他"担心"的具体是什么事情，这样我们才能更好地来应对。

我们要清楚客户的疑虑来自哪些方面：客户对销售人员；客户对公司；客户对产品；客户对售后服务；客户对产品价格。

但无论针对哪一种疑虑，都可以通过三个方法解决：一是要肯定客户的见解以及立场；二是对客户所提出的各种疑虑进行逐一剖析；三是要告诉客户这些疑虑、担心都是没有必要的。

只有先肯定了客户才是真正站在客户的立场上去看待问题，这样才会从根本上打消客户的顾虑。

第三章
从卖点倒推,设计你的超级话术

> 卖手成交思维

好产品，卖给有痛点的客户

企业谋发展，无外乎两个字：需求。需求是创造一切财富的力量。有需求才会有买卖，有买卖才会有生意，有生意才会实现盈利。这属于良性循环，根源在"需求"。

汽车的出现，源于人们对于更高交通效率的需求；电脑的出现，源于人们对高效办公的需求；移动互联网手机应用的出现源于人们越来越多、越复杂的社交需求。这些需求只是最基本的。而根据马斯洛需求层次理论，人类的需求有五层，在满足生理与安全需求之后，人们还会向往尊重需求、社会需求和自我实现需求的满足。

想要产品好卖，就要找到客户的真实痛点，产品只有解决了客户的痛点，才能顺利成交。就像医生开药方给患者，先得确诊患者所患疾病（痛点），而后，根据诊断结果对症下药。

2022年8月，某团队邀请我去授课，该团队是某知名公司在南京的经销商，代理该公司智慧终端的全系列产品。当时，正巧赶上该公司的增程式电动车上市。为了打开这款新车的销路，我们找出了用户常见的四大痛点：一是油价越来越贵，传统燃油车的使用成本逐年增加，导致家庭经济负担增加；二是纯电车存在里程焦虑问题，特别是老家在外地的客户，每年年底回家都需要为纯电车的充电问题而烦恼；三是随着家庭中二胎、三胎的出现，传统的五座车已经显得十分拥挤；四是很多家庭没有固定停车位,无法安装充电桩,虽然想买纯电车,但是充电问题很难得到解决。那这些问题如何解决呢?该公司推出的增程式电动车,完全没有里程焦虑,加油充电均可,即便家里没有固定充电桩也没关系。内设三排六个座位,为多胎家庭量身定制。

推荐话术:哥,您之前有没有发现一个问题……这个问题会导致……现在我们推出新一代的产品,它最大的优点是……虽然价格有点高,但是,我认为这钱花得值。

比如,"哥,您之前有没有发现一个问题就是,纯电车充电始终是个麻烦事,特别是您说了您老家不在本地,这样会导致您过年回家的时候会有里程焦虑,会为到处找充电桩而烦恼。而我们这款增程式电动车,它最大的优点就是在没有电的情况下,可以通过加油完成所有的里程,您再也不需要为距离远而焦虑了。虽然这款电动车的价格有点高,但是,我认为这钱花得值。"

这句话术的关键点就是先说痛点,再说卖点,卖点就会显得价值连城。所以,客户的需求不是产品,而是解决问题。

再举一个我个人的例子:我妈帮我照看孩子,每天接孩子放学回家后还要做家务、做饭。有一天,我妈跟我说,每天洗碗的活儿,她就不做了,换成我们夫妻俩来做。我一听,母亲也快七十岁了,做这么多事的确挺累的,于是我就和爱人商量,能不能让爱人洗碗,结果爱人的反应很激烈,直接就把我骂了一顿,还抱怨说自己每天上班很辛苦,下了班还要辅导孩子写作业,如果再要她洗碗,那日子简直没法过了。我一想自己也是每天不是在讲课,就是在去讲课的路上,成了一个"空中飞人",每天洗碗就更做不到了。于是,我直接跑到离家最近的一家电器城去买洗碗机。当时销售人员跟我说:"你家橱柜做好了没?我们这边的洗碗机需要在厨房台面上预留一个孔才行。"我就问有没有不用打孔的洗碗机,结果对方说他们目前销售的洗碗机都是必须要打孔的，于是我只好去第二家买。到了第二家，我直接说出了自己的需求，问有没有不用打孔的洗碗机，销售人员一听就说："我理解了，您不想买一个内置式的，想要一个外置式的洗碗机，对吧？"我连忙点头，于是对方给我介绍了最新款的外置式洗碗机，并且告诉我这种外置式洗碗机的好处，我当时没用半小时就把自己需要的洗碗机买回了家。

从此以后，我妈跟楼下的阿姨们聊天就有了谈资，说儿子给她买了洗碗机，再也不用每天洗好几次碗了。第一家卖电器的销售人员没有抓住我的痛点，而第二家卖电器的销售人员却解决了我的两个痛点：一是让我买到了我真正需要的外置洗碗机；二是帮我解决了我妈和爱人洗碗的问题。

所以说，没有痛点就没有卖点，先说痛点再说卖点，卖点才更值钱。

我有个学员是做艾灸生意的，他知道我经常出来讲课，一站好几天，于是他免费让我用他家的艾灸，只要躺在那里熏熏就好了，我只试用了一段时间就成了他家的会员，原因是他真正在解决我的痛点。他问我："针灸怕疼吗？吃药怕苦吗？如果都怕，那就选用艾灸，既不用打针也不用吃药，熏熏就可以缓解你的腰酸腿痛。"

所以，挖掘用户的痛点，你必须真的知道目标用户的痛点，必须要真的了解目标用户的习惯。当产品解决完用户的痛点后，用户能够得到的惊喜和满足可以达到什么程度。

你要找到属于自己的目标客户

渔船在海里打鱼，不能随处撒网，因为一旦渔网下海就产生了成本。所以，渔船一定要找到鱼群，且这群鱼全是同一种鱼，这样一网下去打上来的十万条鱼都是一个品种，不然一网下去有鱼有虾，乱七八糟，你卖得那点钱还不抵人工成本呢！同理，我们在做销售的时候一定要找到我们的用户群，也就是要找到谁是你的精准用户。

大部分销售人员都在问哪里才有精准客户。之所以他们会有这样的问题是因为没有搞明白产品有哪些客户会用。比如，我们都知道传遍大街小巷的广告语"今年过节不收礼，收礼只收脑白金"，那么脑白金这个产品究竟是谁在用呢？一般都是老年人，那他们就是脑白金产品的用户，而为脑白金买单的年轻人往往就是你的客户。

举个简单的例子，如果你是一家装修公司，你的用户肯定就是刚刚买了新楼而没有装修的人，这些人在哪里呢？你就得去和售楼处搞好关系，去打听哪天是新业主们收楼的日子，然后你带着公司的宣传资料去现场找他们，向他们展示出你们的价格优势、装修风格和装修口碑等，这样你才能找到精准客户。

我在2016年到2018年间服务了某养发品牌，他们的规模在国内养发行业中排名第一，门店数量突破了2000家店。我们调研的时候发现该品牌系统内生意好的门店，都有个共同的特点，那就是都开在高档小区的附近。因为这些门店找对了目标客户群体，即"有钱、有闲、有保养意识"的女人。我们在郑州授课时，发现生意好的门店都是开在每平方米单价超过 20000 元的小区，而这些小区大多都位于郑东新区。

该品牌系统内还有一类门店生意特别好，即那些开在有小孩子兴趣班的购物中心里的门店。为什么这种店生意好呢？因为很多宝妈把孩子送到兴趣班后，就有 1~2 小时的空余时间了，刚好可以用来做头部护理，一举两得。同时，去购物中心报课的家长一般消费能力比较强，与品牌对目标群体的定位相符。

另外，购买产品用于再生产或者用来二次销售的消费者，也都是我们的客户。比如，你把农药卖给了承包果园的果农，这个果农就是你的客户；你把产品卖给了汽车经销商，这名汽车经销商就是你的客户。在如今这个销售模式越来越多元化的时代，还有一些隐性的销售渠道，比如，机场巴士可以向游客推荐当地的旅行社，那这个机场巴士就是旅行社的客户。客户的概念扩大了，凡是能够给我们带单、帮我们赚钱的人都是我们的客户。

找到精准客户以后，销售只是刚刚开始。而无论销售什么产品，都要尽快把精准用户吸引到你的"鱼塘"里来。但是，该如何吸引呢？

1. 精准定位你的产品

如果说你的产品只针对高端、时尚人士，那就将目标锁定在有消费能力和有消费需求的人身上。了解用户诉求，准确找到切入点是关键。2021年末，我在服务大连的某企业时，帮助他们设计了会议营销话术。该企业的主要经营范围是贵金属交易与理财产品销售，他们面对的客户群体就是高净值人群。所以，他们每个月都会与各大银行联系，派理财师过去举办沙龙活动，为高净值人士提供理财咨询。同时，银行也需要这样的公司对其客户进行二次开发。该企业与银行合作，各取所需，优势互补，合作得非常融洽。

2. 精准定位你的用户

比如，建立一个以户外活动为主题的微信群，群成员一定是喜欢户外活动的人，如果在群里投放一些户外用品的广告，发布户外俱乐部的活动信息，或者相关产品，那么它的转发率一定是非常高的。再比如，如果你是做母婴产品销售的，那就可以建立一个"妈妈群"，让群成员可以互相交流养育孩子的方法，或是哪款母婴产品更好用。还有一些育儿论坛，比如，"宝宝树""妈妈帮"，里面有很多主题，每个主题都有很多相关内容的讨论，这种客户定位就非常精准。再比如，一个股票交流群，群成员大部分是炒股理财的人，如果在这里发布一些炒股软件、炒股专用书籍等，就会很合时宜。这就是精准定位用户。

3. 构筑前端产品

2020年，我服务了某母婴用品品牌。众所周知，近年来国内的新生儿数量在下降，所以大多数母婴店业绩出现了下滑。而这家企业的业绩却在持续提升，这是怎么做到的呢？因为该企业把母婴用品定义成前端产品，即不靠母婴用品盈利，只是作为引流的工具，目的是借此与客户交朋友。而真正盈利的是其后端的两个项目——儿童游泳与产康修复。该品牌通过母婴用品收集了大量的宝妈的联系方式，而且这些宝妈还是其会员，然后不断地发放体验卡，邀请宝妈过来体验产康修复项目，结果产康项目成了她们公司盈利的拳头项目。所以，母婴获客，产康盈利，整个闭环就组建成功了。与此同时，该企业还在陆续开发其他后端项目，保证了盈利能力的持续提升。

如何区分卖点和好处

我在辅导了不少品牌企业的销售团队后发现，很多品牌销售人员有一个严重的误区：把卖点当好处。导致的结果就是，客户听完你的产品讲解之后，不为所动。而销售的最终目的是把产品介绍完，让客户带回家。

之所以出现这种情况，就是因为没有搞懂卖点和好处之间的区别，认为销售就是要突出卖点，从而努力去强化卖点。

事实上，如果你搞懂了卖点和好处的本质区别，理顺了二者的逻辑关系，那你的销售成交率就会提升。

我常说，"杀手"只讲卖点，"卖手"却会将卖点上升到好处。具体怎样区分卖点和好处呢？我们先来看下面这个案例。

我有个学员在南宁销售健身卡，他采用数字对比法，模拟向我推销健身卡，当时他是这样说的："刘老师，我们是南宁地区最大的健身房，普通健身房只有1000平方米，而我们家的健身房有3000平米方，所以，刘老师，您在我家办张卡吧！"

我对他说："我不办，原因是你有3000平方米的健身房，但这关我什么事？我又不需要这么大的健身房。"后来，我帮助他重新设计了话术，效果就好很多。

"刘老师，我们是南宁地区最大的健身房，普通健身房只有1000平方米，而我们家的健身房有3000平米方。平时您去小一些的健身房，不仅做器械需要排队，就连上卫生间、去洗澡也需要排队，这些难免会影响您的心情。而您到我们家健身就不会遇到这个问题，因为我们家有3000平方米，您做什么器械训练都不需要排队，我们家淋浴区有20个位置，完全不用排队，随时过来随时可以洗。这样一来，我们就可以为您省下很多等位的时间，像您这么忙的人，时间可是最宝贵的，来了就练，练完就走才是最需要的。"我听完他这么一说，有理有据，还考虑到我的时间，我一下子就对这家健身房产生了好感。

所以，我们发现，卖点是讲"物"，好处是讲"人"。这就要求我们在设计话术的时候，一定要从"物"上升到"人"，着重讲物能给人带来什么改变。2022年8月，我服务杭州的某游乐园时，设计了一款水杯的销售话术也很经典。"这款水杯的杯口采用的是圆润加厚设计，小孩子喝水的时候会感觉很舒服，从此以后，孩子就慢慢地爱上了喝水"。"杯口圆润加厚设计"是产品的卖点，在讲"物"，而"孩子慢慢爱上喝水"是在讲"人"。请问，家长更关心"物"，还是更关心"人"？很显然，一听说可以让孩子爱上喝水，家长就买了这款水杯，至于价格，就不是问题了。

如何把产品卖点上升到好处去销售，需要从几个方面入手，做到了这些，才能找到客户真正的痛点，再"对症"去说，就能让客户体会到好处。

1. 与客户的职业挂钩，谈产品能否提高效率

在设计话术的时候，要看产品能否提升客户的工作效率。假如，客户的职业是外卖送餐员，而你是卖电动车的，你就要说电动车电池长续航可以给外卖送餐员增加收入。我的职业是培训师，如果你是卖服装的，你就要说服装面料是免熨烫的，这样可以节省我的时间。关键点是看产品是否可以提高工作效率。

2. 上升到情感层面

人世间有亲情、爱情、友情。刚刚说的"水杯让孩子爱上喝水",就是把水杯的卖点上升到母爱的高度。买手机送女朋友,就上升到恋情的高度。买手镯送给妈妈,就上升到亲情的高度。

3. 挖掘客户的渴望度(愿望)

小孩子渴望成绩好,女人渴望美容养颜,男人渴望强身健体,老人渴望健康长寿,这些都是人的美好愿望。所以,我们在设计话术的时候,可以适当的把这些愿望设计进去。比如,"我们优选产自牡丹江地区的优质大米。生米现煲20分钟以上,全程经过99次人工搅拌。我们的粥孩子喝完会更加聪明伶俐,女人喝完能够养颜丽质,男人喝完变得精力充沛,老人喝完可以健康长寿,小姐姐,请问要不要来上一锅啊?

4. 与客户的痛点挂钩

之前我们讲过,产品不是需求,解决问题才是需求。所以,在设计话术的时候,销售人员一定要告诉客户产品卖点能解决客户的什么痛点问题。比如,席梦思(卖点)可以缓解腰肌劳损症状(痛点),洗发水可以去头屑(痛点),增程式电动车让客户没有里程焦虑(痛点)。

把卖点变成好处,有时候非常简单。假设自己是一位消费者,听了自己的产品话术后,能否对产品产生浓厚兴趣?是否会产生购买欲望(想不想买)?购买的欲望强烈不强烈?如果自己都不能,那消费者更不能!如果连自己都不能说服,那么就更不可能说服消费者!

设定好参照物，给客户"占便宜"的感觉

无论客户还是商家，经验告诉我们，多数人喜欢"占便宜"。消费者并不是真正喜欢占便宜，而是喜欢占便宜的那种感觉。为什么这么说呢？

比如，在销售中，我们经常会遇到这样的客户：在挑选商品的时候无条件地选打折优惠的商品，即使是他们暂时用不到的，也会不遗余力地购买。因为他们觉得有便宜可占，不买的话仿佛就是自己吃亏了。这类消费者购买产品时不是"图便宜"，而是喜欢"占便宜"，即便消费者非常喜欢一件产品，如果不能从价格上获得占到便宜的感觉，他们也很难有愉悦的购物体验。

在生活中也经常遇到以下几种场景。

一瓶洗发水标示的建议零售价是19.9元，实际特价为13.9元。商家通常喜欢把写好的零售价划掉，然后在划掉的零售价边上写上优惠价，这里的19.9元就是参照物。

价格是推销产品时非常敏感的一个因素，产品的价格合理才能被客户接受。逛街时，我们经常能看见标价为98元、198元、298元之类的商品，为什么商家不把这些商品标价为100元、200元、300元呢？之所以这么做，是商家在研究了消费者的心理以后，定出来的心理价格。98元比100元只少了2元，可让购物者在心理感觉上就是占到了便宜，觉得不贵。因此，商家就借此玩数字游戏，利用客户贪图便宜或是图吉利的心

理，把价格尾数定为 98 元、99 元等。这既是一种吸引客户的好方法，也是把心理学应用到商品上的经典案例，作为销售人员应该善于利用这种定价方式。另外，在现实中，客户都喜欢砍价，出现这种现象是因为客户想得到更多优惠。说白了，砍价就像一场拉锯战，价位是否合理并不是最重要的，最重要的是要满足客户的心理价位。

小商品在标价上做文章，大的企业品牌也会利用消费者的这种心理做营销。比如，宝马 3 系车原价位为 30 万元，完税价格已经到了 40 万元，相当于老款宝马 5 系的产品价格，销售的难度非常大，但是一年下来，销售报表显示卖得特别好，他们的销售人员是怎么做到的呢？

原来，他们是这样跟客户介绍的："我们的新款宝马 3 系，整个车长达到了 4.7 米，与老款 5 系的长度相同，相当于只要花 3 系的价格就能享受到 5 系的配置。所以，买到就是赚到。"客户听到这样的介绍，就会觉得只多花了 10 万元，就买到了更高级别的车，内心就有了"占便宜"的感觉。这里的关键点就是新款 3 系选择的参照物是老款 5 系，而非老款 3 系。

占便宜营销法，非常适合高单价的商品，同时，在销售时一定与档次高一些的商品作比较，那样才会让顾客感觉到少花了钱，但质量却没有下降反而有提升。用一个简单的例子来说，如果想卖一瓶售价 2 元的水，就在这瓶水的旁边摆一瓶售价 5 元的水，想卖一瓶售价 5 元的水，这瓶水的旁边就放一瓶 10 元的水。

有一次我去买衬衫，一看标价 800 元，觉得有些贵，这时销售跟我说："先生，这件 800 元的衬衫在价格上比起普通材质的衣服是有些贵，但它用的面料跟阿玛尼衬衫是一样的，买一件阿玛尼衬衫需要 3800 元，所以您花这么低的价格就买到了和阿玛尼一样品质的衬衫。"我当时一听，心里就有了占便宜的感觉，很快就被销售员说服，购买了那件衬衫。

即便消费者非常喜欢一件产品，如果不能从价格上获得占到便宜的感觉，他们也很难有愉悦的体验。这里的"便宜"不是指价格有多低，而是消费者相信他确实以非常低的价格购买到商品了，是一种相对的"便宜"，从这个层面来说，消费者购买产品时不是"图便宜"，而是喜欢"占便宜"。

除了在价格上让消费者体验到"占便宜"的感觉，在拓客和转介绍方面也要给足客户占到便宜的感觉。

下面，我把培训一家美容院时的销售案例分享给大家。

A客户进入美容院后，美容院会推荐她先支付200元，体验一下"美白"项目。A客户体验满意后，决定充值2000元购买10次疗程卡——这属于普通的第一次促销行为，但对A客户的价值开发刚刚开始。美容院马上送A10张"美白体验卡"，动员她进行转介绍——这10张卡每张面值200元，可以体验一次"美白"服务，但A自己不能用，必须给她的朋友，每人限用一次。

A把"体验卡"送给一个朋友B，B体验后感觉满意，也可能会支付2000元购买10次完整的疗程，这时，美容院就奖励A客户30%的提成。2000元的30%等于600元，但这600元不是以现金的形式直接给A，而是以"充值额度"的方式加到A的充值卡里。

这属于一种更隐蔽的奖励方式，A得到奖励金后，不能提现，只能用来消费。而这新增的600元额度，A可以用来体验更多的新项目。

体验一个新项目需要花费200元，那么600元则可以体验3个新项目，比如"减肥""排毒""抗衰"。因此，她就可能会介绍第二位、第三位朋友也前来体验。

如果在这3个新项目之中，至少有一个新项目让A很满意，那么A可能会继续购买新项目的完整疗程卡，又一次办理充值。

但到此还没有结束，当 B 充值 3000 元成为正式会员时，继续将这套制度用在 B 身上。于是 B 再转介绍，以此类推……

所以说，给客户好处，让客户产生占便宜的感觉，这个思路适合的领域非常多，可使用的方法也非常多，只要善于设计，就能找到一种属于自己产品的销售方法。

服务也可以设计成品牌的卖点

某知名餐饮品牌的服务质量被誉为是"地球人拒绝不了的贴心服务"。该品牌从 1994 年发展至今，经历了近 30 年的风风雨雨，已经从当初的街边小店，成长为如今市值达千亿元的餐饮巨头。此外，该品牌通过"神级"服务，成功走出了一条独特的发展之路。该品牌的成功告诉我们：好的服务和销售是可以被设计出来的。

我们可以去菜市场花 100 元买食材回家吃一顿火锅，但我们也可以选择去该品牌门店就餐，即便吃的是一样品质的食物，需要花费的可能就是 300 元。在该品牌门店，我们除了满足了吃饭的需求，同时还有被服务的良好体验。

一方面，在该品牌门店的进门处，就有服务员对你深鞠一躬表示欢迎，如果是看到你的手上有重物，都会帮你拿进去。如果没有座位，服务员会带你到休息区等待，在等待的过程中，还会给你送免费的零食和饮品，不仅如此，服务员还会给你送折星星的纸来打发时间，而且，你折得的物品还可以用来消费。来到座位后，服务员会为你送来围裙、毛巾，还有湿纸巾以及手机保护袋，看见长头发的女客户还会送发圈。如果顾客是带着孩子来吃火锅的，会有服务员帮你带孩子，还可以免费为你做美甲，以及擦拭鞋子，吃完离开时还能打包水果以及小料等。甚至有客户戏称，去该品牌门店吃顿饭送的东西，比自己带的东西还多。

另一方面，该品牌的生意之所以如此火爆，不是因为店里的小料有多么好吃，也不是肉的品质使然，关键是服务员足够多，有服务员专门负责服务食客，还有服务员专门负责传菜，做到了专职专责。负责换手巾板的服务员，就只管给食客换手巾板。虽然换一个手巾板不算什么大事，但会让食客感觉非常舒服。

该品牌作为一家餐饮界的龙头企业，能够拥有"别人学不会"的模式，靠的就是这种每一步都经过精心设计的服务。这种模式通过良好的服务意识让消费者产生愉悦的用餐体验和极具人性化的被在乎的感受，激发了消费者的情感因素，可以有效增进双方之间的信任，从而实现客户对企业的长期黏性。

这一系列特别服务下来，让客户体验到在其他餐饮店从未遇到过的服务，内心自然会被触动，从而主动分享朋友圈或者告知亲朋好友便是必然会发生的事。

真正从内心把客户当成"上帝"的销售才是好销售，因为这些"上帝"才是口碑的传播者。该品牌还有一个非常值得所有人学习的地方，他们不但对客户极致地服务，对自己的员工同样充满关怀。所以，想要自己企业的员工变成营销精英，不但要设计出一套话术或动作，还要让员工通过不断学习，直至完全掌握，最终内化成标准的行动和销售技能。同时还要给予员工优渥的薪酬和能够看得见的福利，这些才是培养好销售的不二法门。

你给客户"面子",客户才会给你钱

在销售方面,有一个"面子效应",因为大多数人都好面子,客户也是一样的,所以销售人员应巧妙地利用客户好面子的特点,多给他们留一些面子,甚至要帮客户长长脸面,一旦客户有了面子,不仅会听销售人员说话,还有后续的成交。

销售人员对客户不要以貌取人,因为你不知道进门的这个人的身份背景,仅从衣着打扮去看一个人是肤浅的。虽然销售人员要通过客户的衣着打扮和外貌特征去判断他的背景是否具备实力,但这仅仅是表面上的判断,绝不能因此而妄下结论。如果因为有的人"不修边幅",甚至穿着"土气",就缺乏耐心和尊重,那就是自带势利眼去看待别人。作为销售人员,尊重他人,是与沟通中的一条基本原则。因为你给别人以尊重,就可能增加一位潜在客户,反之,你就可能流失一位客户。

有一次我和爱人去逛商场买鞋,店里试鞋的客人挺多,一名年轻的导购员非常热情地帮我们拿鞋、试穿、换号码,大概用了一个小时的时间,试了好几双不同样式的鞋。这时我爱人说:"要不我们再去另一个商场看看,然后再定买不买。"听我爱人说要再去其他商场转转的话后,导购员立刻表现出不悦,并小声地说:"您要去别的商场逛也不早点儿说,白白浪费了我一个多小时,那么多客户我都没照顾到。"我爱人听了很不高兴,瞪了导购员一眼,拉起我就往外走。当时我心里觉得有些过意不去,毕竟试穿了那么久。但是我爱人说，身为导购员，对待客户就要有耐心，客户有试穿和不买的权利，而她对客户发牢骚就是不对的。

我当然明白这名导购员做得不对，虽然她做了很多服务，但在给客户"面子"上做得不够到位，等于把前面的所有好都给磨灭了，眼看即将成交的单子黄了，而且还让我爱人心生不悦，估计以后也不会再来这家店买鞋了。

销售人员最忌讳的就是对客户表现出不满情绪，更不能与客户发生争执和指责客户，必须为客户保全"面子"。不当面指责客户，不与客户发生冲突，把自己的调子放低一点，永远保持礼貌、谦虚、谦恭，这并不意味着低人一等，而是一种沟通的艺术。

总而言之，我们应该把客户的面子当作我们自己的面子一样去爱护。

2020年，我们服务了江苏常州一家主做潮汕风味的餐饮企业。这家企业在听了"超级卖手"的课程后，决定在自己的服务内容中增加一项——给客户创造"面子"。具体的做法是，将包厢名字都以企业公司的品牌来命名。这样，很多老客户在宴请的时候，首选的就餐地就是他家，因为这里有以他们自己公司品牌命名的包厢，多有面子啊！这就印证了那句话：你给客户"面子"，客户才会给你钱。

我自己是广发信用卡的钻石级商务会员，每次去机场的时候可以免费享受机场贵宾室的待遇，同时还享有去飞机登机口（远机位）的专车待遇，免去了排队的辛苦，这些都是广发信用卡给足了客户面子的表现，所以，客户在消费的时候就会优先选择使用广发信用卡进行支付。

搜集信息，给用户画像

所谓的"给用户画像"就是利用大数据给客户打标签，从而对用户提出有针对性的销售服务，以此来拓展销售业绩和成果。如何给用户画像呢？我给大家提出下面5点小建议。

1. 了解他们

通过用户的性格类型、行为习惯（如果是企业客户，还要了解企业规模、企业的员工人数、企业性质、营业收入、业务范围、所在地理空间等信息）了解他们。

举个例子，某知名音频平台团队早期时虽然有做手机电台的想法，但是项目团队并没有直接去开发最小化的产品，而是先在微信公众平台上，利用微信接口，搭建了微信公众平台，用爬虫软件搜索到了近500个电台，放在微信公众平台上面，让用户自由选择。运营两个月下来，平台用户数量激增至5万，可当一段时间以后，用户的增长速度会放缓，于是该团队又推出了标签云，试图激发用户的兴趣。没想到推出标签云一个月之后，用户数量增长至100万，日活跃用户达到20多万，日收听次数在100万次以上。之后，该团队根据之前的实验情况，针对用户热度改进产品性能，不断地提升用户体验，成为国内炙手可热的手机电台。

2. 定位他们

寻找目标客户的具体位置或网络空间位置：具体在哪个城市、哪个区域。地域不同，线上线下也不同，根据这个定位，你能够发现自己的产品是不是可以满足目标客户的需求。

我曾服务过一家药店，店员就要因为定位了自己的目标客户，从而掌握了他的真实需求，最后赢得了一位忠实用户。这位目标客户是一家公司的老总，因工作繁忙经常不能按时就餐，且经常利用午餐时间召开工作会议，晚餐又常常要喝酒应酬，因此，他经常出现反酸、烧心的症状。但他又对西药很抵触，医生给他开的处方药，因此，药店店员为这样的顾客"贴上标签"，对他本人有了较深层次的了解。从他的日常工作行为方面，就能猜测出他的性格比较急躁，经过沟通，店员了解到他除了有反酸、烧心、胃脘灼热、时常隐隐作痛这些症状以外，还有口燥咽干、便秘等表现，店员还发现其舌红少津，证属胃阴不足。因此，店员推荐其服用某胶囊，平时还可用玉竹泡茶、煲汤。同时，让其补充适量的维生素 B_1、维生素 B_6 和葡萄糖酸锌以改善胃内环境。因饮酒会加重胃炎，所以，店员还建议他尽量少喝酒，并尽量避免利用午餐时间召开工作会议。

3. 找到他们的购买路径

审视客户在购买产品或服务背后的真实需求和好处，说简单一点，就是他们买你的东西有什么好处，你有没有给客户提供可行的解决方案。

很多人对自己的产品自我感觉良好，但是市场是否喜欢，那就有待进一步确定了。在高速发展的今天，很多"我以为"的思维模式，已经不适合受众人群，要找到用户的痛点。

4. 回访老客户

询问他们最初是从什么途径找到我们公司的，是出于什么原因购买产品的。比如，有的客户是通过网站搜索或就近的门店找来的；有的是通过亲戚、朋友、同事、同学等介绍来的；有的是对你的产品知名度有了好的印象而被吸引来的；也可能是你们公司拥有实力，所以自然让人信任你的产品。

5.创造客户画像档案

给你的理想客户建立一个文档,描述他们的一些具体特征,并且分析出其是因为什么样的需求才找到你的。

第四章
营销2.0,用超级话术打造个人IP

卖手成交思维

销售就是"卖自己",打造个人IP

微信创始人张小龙曾说:再小的个体,也有自己的品牌。个人IP打造就是在打造自己的品牌形象,就是在打造对外交往的一张价值交换名片。粉丝越多,IP价值就越大;信任你的人越多,你的生意就越好做。

现在的企业做销售,不再需要几百、几千个人来进行,一个人一台电脑甚至一部手机,就能卖出几百万元来。所以,销售的模式已经发生了改变,我们的认知也要随之做出改变。事实上,销售最开始不是卖产品,而是"卖自己"。

通过研究企业商业模式的进化过程,你会发现,传统企业做10亿元的生意需要最少1000个人;电商做10亿元的生意,可能最多需要100个人;网红企业要做10亿元的生意,只需要10个人,甚至更少的人。这就已经把当下打造个人IP影响力诠释得很清楚了,也从另一个侧面说明了一个问题,个人IP的崛起也给企业和商业带来不可限量的价值。

通过观察这些快速崛起的个体,我们发现他们有一个共同的特点,那就是都有属于各自的品牌。因为这个独特的品牌,快速聚集了一批忠实的粉丝。比如,一些"直播大V"都有自己的粉丝群体,这些粉丝们为他们带来了上亿元的销售额。这样的能量放在之前是不敢想的,而现在成了现实。

所以,销售就是卖自己的个人IP。接下来我们从形象、热爱、传播三个维度去介绍如何打造个人 IP。

第一个维度是形象。形象上有了自信，客户才会被你吸引，然后喜欢上你所介绍的产品。日本京东银座百货做了一组试验，将 1000 名女导购员额前的刘海儿盘上去，使之看上去类似于空姐的打扮，对比另外 1000 名将刘海儿梳下来的女导购员，一个月后，得出 1000 名刘海儿盘上去的女导购员平均业绩要比 1000 个刘海儿梳下来的女导购员高 20%。为什么会有这个差距呢？因为把刘海儿盘上去后，人看上去显得有精神，向客户展现出一副自信满满的样子。

当然，除了具备自信的形象以外，销售人员还要对所销产品有强大的信心。人都是有磁场的，这种磁场会感染到你身边的所有人，让他们都和你一样热爱这份产品，因此，自然就会有客户上门来与你共同分享这份热爱。

第二个维度是热爱。我在培训课堂上经常会讲到一个案例：某法国体育用品公司要求上自总裁，下至收银员，在面试的时候必须展示一项体育运动，因为公司专卖体育用品，所以只有爱好体育运动的人才能扮演好销售人员的角色。

国内某盲盒品牌创始人听说这个案例之后，就把这个方法运用到了自己的公司管理上。他把粉丝发展成了店员，让粉丝来服务粉丝。如果连员工都不是自己产品和服务的"死忠粉"，那就说明要么是产品有问题，要么是员工有问题。

2018 年，我曾组织了 50 位企业家去北京某手机品牌的公司总部参观学习。公司的团队介绍，该品牌的厉害之处就是打造"爆品"，例如一款 69 元的充电宝，自 2013 年 12 月 4 日发售以来累计销量超过 5500 万只，使得整个产业链被重塑。那么该公司是如何预测一款产品是否会成为爆品呢？他们有个内测机制，就是在把产品投放到市场以前，先在公司内部进

卖手成交思维

行试投放，如果一款产品在公司内部发布的时候，员工排队去抢购，那么说明未来市场一定火爆，因为公司的员工基本上都是80后、90后，他们对产品的热爱程度代表了合众市场对该产品的热爱程度。如果内部投放时，自己的员工都不买，那么这款产品十有八九就"失败"了。所以，想要产品热卖，先问问自己的员工爱不爱！换句话说，爱它，才能卖好它。

所以，我的很多销售奢侈品、豪车、豪宅以及从事留学业务的客户，在招聘销售团队的时候，指名道姓要"富二代"，因为他们坚信只有体会过并热爱留学、奢侈品、豪车、豪宅的人，才能卖好它们，因为他们不是在做销售，而是在讲述自己的经历。

第三个维度是传播。通过传播让更多的客户知道并了解您。我之所以被大家所熟知，是因为做了抖音，我在短短的半年时间里就收获了150万的粉丝，而且粉丝的数量还在持续增加。一方面，说明随着经济发展速度的趋缓，大家的销售遇到了很多的阻力，渴望销售能力得到提升。另一方面，我的专业也得到了广大粉丝的认可。那么，如何让客户觉得专业并信任你呢？我的建议是，无论是拍摄抖音还是发布朋友圈，一定要学会技术型发问。在之前的文章中我们提到，技术型发问就是问客户不知道的专业知识，然后再自己来回答。例如：

您知道家里橱柜装修的三大常见误区吗？

您知道我们内行人士是如何选择麻将机的吗？

请问30000元的床垫与10000元的床垫到底有什么区别吗？

请问吃益生菌到底算不算交智商税？

请问宁夏枸杞与青海枸杞有什么区别吗？

你可以将这些问题用自问自答的形式发布到微信公众号和朋友圈上，还可以发布到FM喜马拉雅、抖音、快手上，你就会慢慢地发现自己成了这个行业的"专家"了，自此你的个人IP也就形成了。记住，打造IP的时候，不要卖产品，是卖自己的专业知识，客户要先信赖你这个人，而后等你再给他推荐合适的产品时，客户瞬间就会买。

现在同质化的品牌非常多，所以任何商品都不是你卖给客户的，而是客户自己本来要买的。无非是找谁买、买谁的，客户即使不在你这里买，也会在别人那里买。

所以，我给很多公司销售人员做培训的时候，除了给他们讲行业、讲公司、讲产品，更多的是告诉他们如何推销自己。如果客户不认可你这个销售人员，你卖的产品再好也难打动对方。你要销售自己就要忘了自己是销售人员，你可以是客户的朋友、顾问或产品使用的分享者。简单理解就是，你销售的是自己的专业、体验、感受、诚信……这些价值能够帮助别人，你给予客户多大的帮助，就能带来多大的业绩。

曾经有位营销大师对100位来自不同行业的销售精英进行研究统计，最终发现尽管这些销冠所处的行业有一定差异，但他们都有一个共同的特质，那就是擅长和客户交朋友，让客户快速产生信赖感。

如果你是一位销售，那么你肯定有过以下类似经历：同样的产品、同样的交易条件，你失败了，而你的同事却"意外"地成交了。这个结果就让人很郁闷了，难道是市场或是客户对你有偏见吗？如果你是这样想的话，那么你真有可能并不适合做销售。究其原因就是你的同事成功地把自己"卖"出去了，而你却没有。

当你通过自己的价值去帮助到足够多的人，帮助他们真正解决自己的问题时，自然就会有为价值、为专业买单的客户出现。

卖手成交思维

先给予客户尊崇，再谈生意

每个人内心都有被人尊重的需要，千万不要小看了这种心理需求，拥有尊严和被重视的那种感觉，人人都很受用，这是人的本性。如果在销售工作中，销售人员能够意识到这些，给客户以足够的尊重，客户在你这里体验到了 VIP 的感觉，那么成交的可能性就又大了一些。

有一次我去喝咖啡，这家咖啡馆并不出名，但是装修雅致，室内温暖舒适，光临这家店的顾客络绎不绝。排队点餐时排在前面的几位顾客拿不定主意要点什么，因此浪费了不少时间，导致我有些不耐烦。突然，有位服务生向我招手示意，我走到近前，服务生为我端出了一杯我常点的卡布奇诺。我当时立即生出一种既吃惊又受宠的感觉，店里竟然有人记得我，而且还记得我点过的咖啡。更让人感到惊喜的是，服务生对别的顾客说九号靠窗的位置是为人预留的。我当时觉得不可思议，那个靠窗的位置向外看视线特别好，而在店里却又很靠内不被打扰。那当然是我心仪的位置，之前去过几次，我的确愿意选择那个位置，结果服务生却还记得，让我的内心一下子有了被尊崇的感觉。我发自内心地喜欢上了这家咖啡馆，同时喜欢了那个服务生。之前只是习惯进这家咖啡馆，而这之后我就对这家咖啡馆产生了不一样的感情。

所有人都希望自己得到别人的礼遇，那是一种尊重，如果在尊重的基础上还能有更好的体验，那就是一种尊崇，而成功的商家恰恰会为进店的每一位客户制造这种特别的体验。

要像对待尊贵的 VIP 客户那样对待每一位客户，因为每一位客户都是潜在的 VIP，都是有个性、有不同需求的人。

在具体操作时，哪种话术能够让客户体验这种尊崇感呢？有两个常用的话术，分别是"请教法"和"贵人法"。

1. 请教法

跟客户聊完天或是电话里沟通以后，在客户准备离开的时候，可以这样说："李总，今天跟您聊了这么久，我感觉收获特别大，我希望有机会可以向您当面请教。""您是这方面的专家，我一定得向您多请教。""今天跟您交流了这么多，收获太大了，在这方面您是老师，一定得多向您请教请教。"请教两个字能让客户感觉很受尊重。所以，平时销售人员要练好这句话，关键的时候用一下，效果非常好。

请教也是一种赞美，真心去请教客户，不但会赢得对方的欢心，自己也会受益无穷。只要请教是发自真心的，就有利于改善关系，获得客户的好感，自然有利于销售的开展，绝大部分人都会欣然接受来自别人的请教，因为这毕竟是自己价值的体现，所以当你带着问题、态度诚恳地向客户请教时，多半会获得对方的欢心，从而为你的下一步计划打好基础。

2. 贵人法

无论是刚进入销售行业的"小白"还是经验丰富的销售精英，把客户当成贵人来对待，都是非常不错的一种销售手段。比如，可以对客户说："张总，真的非常感谢您能听我说这么多，虽然您不是我第一个拜访的客户，可您是第一个认可我的客户，我们做销售的，得到别人的理解与认可是非常大的动力，您就是我的贵人。"这样一说，客人感受到了你对他的尊重，如果你卖的东西正好是对方需要的，一般情况下都会成交。

与渴望得到重视相对应的是害怕别人轻视或者不关心自己，聪明的销售人员在面对客户的时候,会先给客户推荐价位低的产品,这会让客户感觉到自己不被重视,客户反而会要求购买价位相对较高的产品,以得到销售人员的重视,销售人员若是趁此再给予客户适当的赞美,那么销售就很容易成交了。

用"关心"来管理并预约你的客户

做好销售既需要技巧又不需要技巧,有时候只需要有一颗能为别人着想的心,能够关心别人的心,这就是最高的技巧。毫无疑问,任何企业和品牌都希望通过销售获得利益,但如果把利益放在感情之上反而更容易达成交易。所以,在销售过程中,每个销售人员都必须意识到一点,要从内心深处去尊重每一位客户,而不是盘算着如何从他们的口袋中"掏"出钱来。

著名企业家王永庆,15岁时在一家小米店做学徒。第二年,他用父亲借来的200元做本金,开了一家小米店,为了和隔壁的日本米店竞争,他花了很多心思。当时大米加工技术比较弱,所以出售的大米里面混杂着米糠、沙粒、小石子等,买卖双方对此也都是见怪不怪。但是王永庆多了个心眼,每次卖米前都把米中的杂物挑干净,这个额外的服务深受客户欢迎。

王永庆卖米多是送米上门,并在本子上详细地记录了客户家有多少人,一个月能吃多少米,什么时候发薪水。

等客户家的米该吃完时就送上门来,等到客户发薪水的日子再上门来收米款，另外，他每次给客户送米时，都会先把米缸中的旧米倒出来，把米缸刷干净，然后再将新米倒进去，把旧米放在上面，这样就使得大米不至于因放置太久而变质，他这个小小的举动让不少客户深受感动，对其忠诚度自然提高。

王永庆能成为中国台湾的商业巨头丝毫不奇怪，因为当一名销售人员能够站在客户的角度上去考虑问题的时候，他就已经做到了让客户既省钱，还省事。

虽然这个故事不少人都知道，但真正能做到关心客户的销售人员并不多。不论做大生意还是小生意，如果能够在卖给客户产品和服务之前，先想到去关心一下客户，那么销售也就成了一件简单的事情。

比如，我经常在一家美发沙龙打理发型，有一次在讲课的时候，收到了一条信息，是我的美发师发给我的，信息内容是这样的："刘先生您好，最近是大雪节气，天气一天天转冷，您经常出差，所以要保重好身体，千万别感冒了，讲课用嗓子比较多，您平时要多喝水。我是金榜美发店15号技师张瑜。"这就是一种关心，虽然我知道美发店对常去的VIP客户都有记录，男士的发型平均一个月就要打理一次，所以他用"关心"的方式来提醒我该再次上门了。但作为客户的我，在收到短信的那一刻，心里还是感到暖暖的，下意识地觉得自己的确该去理发了。

所以，关心客户等于管理自己的客户，特别是老客户，要用心去关心他们，才能引来更多的成交可能。

那么，关心客户的话术应该怎么说呢？

1. 要真情实意

关心的话如果说得很虚假，不但起不到稳定客户的作用，还会让客户觉得你另有所图。只有出自真诚的关心才叫关心，所以用在客户身上的话术，一定是出自真实的情感，而不要为了成交而去编造虚假的谎言。

2. 关心客户的话要符合情境

比如，祝客户生日快乐、乔迁之喜、升职加薪、孩子考上好学校等，祝福语一定是符合场景，话术只有朴实自然，真情流露，才能让客户感受到来自你的关心和温暖。即使当时没有成交，后续也会有机会。那如何掌握客户更多的信息呢？观察顾客的朋友圈是最好的获取客户信息的方法与渠道。

3. 抓住机会

关心的话要在恰当的时机说出来。机会代表着恰到好处，比如，节假日的祝福、生日的祝福等，这样与内容关联度强的问候才更能打动客户。以下是我服务的一家美容院的感动顾客的抓机会细节，只要是做销售的，就值得我们大家好好学习。

（1）客户生日时，把我们和客户拍的合影照做成精美的相框，送给她。

（2）客户特殊期（生理期），为她送红糖水和问候。

（3）为患感冒的客户熬好姜茶，趁热让其喝下，帮助其更好地排汗、排毒。

（4）客户感觉肠胃不适，员工熬好养胃粥，专程送到客户的手中，督促她喝下。

（5）根据客户的身体状况，买好水杯，配好养颜花茶送给她，并告诉顾客喝水的重要性。

（6）客户生病，员工利用下班时间去客户家里打扫卫生。

（7）客户生病，员工利用下班时间到家里为她调理，帮她买生活必需品。

（8）客户睡眠不好，员工买好薰衣草，亲自缝制睡眠枕送给她。

（9）客户脚部不适，定期为她按摩，修剪脚指甲。

（10）客户的父母身体不适，去家里帮助其调理身体，让老人开心。

（11）客户便秘多年，每次护理前为她准备一杯香蕉汁，并教给她居家保养的方法。

（12）客户秋季干咳，员工买好红梨、蜂蜜，熬制成润肺止咳的红梨蜂蜜水之后用保温杯盛好送至她单位。

（13）根据季节的变换，熬制适合当季食用的养生粥，或泡养颜花茶。

（14）打电话得知客户身体不适，员工主动买好客户喜欢吃的饭菜送到客户家。

（15）用餐时间，亲自为客户准备好其爱吃的小餐。

（16）客户喝酒后来做护理，给客户买柠檬和葡萄糖为其解酒。

（17）从自己家乡带来特产，送给客户。

报价是成交的命脉所在

报价是销售过程中非常重要且关键的一环，到报价环节时，前面已经聊了不少，只有接近成交的时候才需要报价，而报得不好往往容易让前面所有的努力都付诸东流。所以，若想报价成功，要避免出现两个误区。

1. 以为报价越低越好

客户想要价格低，但你如果真正报出了低价，就会给客户一个"你的东西不够好"的错觉，尤其是多数人会有"一分价钱一分货"的观念，如果你的报价相对高一些，那客户就会认为你的产品"值钱"，反之会认为你的产品不行。另外，报价越低，客户砍价的空间就越小，这样客户没有

卖手成交思维

成就感，不利于成交。报价越低，自己的谈判空间就越小，这样很容易就跌破底线，失去回旋的余地，不利于交易的达成。

2. 以为报价越快越好，存在只有早报价才能占主动的心理

报价早有一定的隐患，不利于自己周旋和对价格更好地进行核算，有的客户在听了报价以后觉得太高，马上失去了与你继续谈判的兴趣，报价越早黄得越快。而报价越快，自己的价格底牌就亮得越早，如果客户的业务项目具体负责人跟竞争对手的关系更紧密，就有可能将我们的价格透露给他们，这种情况下，我们与客户达成交易的概率几乎为零。

规避了这两个误区以后，再考虑如何正确报价。

第一种方法是采用三步法原则进行阶梯式报价。

无论你报得高还是报得低，客户的第一反应永远是"这个价格有点贵，能不能打个折？"第一次报价，你可以回答："先生您好，我们家折扣是有的，全场统一活动，9.5折。"这个时候客户依然会还价，会说："价格还能再便宜吗？"你可以进行第二次报价，你可以说："您今天可以定下来吗？如果能定下来，我马上和公司申请9.2折。"如果顾客继续说"9.2折还是超出我的预期"，那么你就到了第三步报价，可以说："要不这样吧，我的提成是两个点，我看您真心想买，现在能定的话，我的两个点让给您，就算交个朋友，按9折算吧。"走到了这一步，一般客户也就不再继续砍价了，即使遇到那种特别能砍价的，最后8.5折的价格也一定能成交。

无论你心里多想成交，但在报价上还是要有原则性，不能为了迎合客户而一味地降价和妥协，这样做不但得不到客户的认可，还有可能让客户因为你一再退让而对你的产品和服务产生怀疑。坚守自己的原则等于捍卫自己的品牌价值和价格底线。

这里最重要的话术就是在第一次让价之后，客户还觉得贵并要求降价，那么在第二次让价之前，您一定要问一句话："姐，您今天能确定吗？能确定的话我就向公司申请……"这里就是要得到客户肯定的回答，因为只有确定了，我才会去申请，所以，这是逼单的一套很好的话术。

第二种报价方法是区间报价法。

销售人员要改掉直线思维，不要上来就报价。现在我们拿卖话筒举个例子。客户来到店里，问这个产品多少钱？这个时候你怎么报价？你若是报12800元，客户会觉得你家这个产品太贵了，你若是报1280元，又怕报低了，所以你报高了不行，报低了又不行，你不报也不行，你总不能跟客户说"您猜猜我家这产品多少钱"吧？这时可以用区间报价法。什么叫区间报价法？很简单，就是你报一个区间价给客户，而不是报一个固定价目。例如，顾客问："小伙子，你们家这个产品多少钱？""哥，您的眼光真好（先赞美他一下）。这个产品在我们家卖得最好了。"这是第一步。

第二步，你跟他说："我们家产品的价格从价性比高的1280元到旗舰款12800元，价格不等。分六大系列，五大品类，三大功能。哥，我冒昧问一下……"接下来开始进行背景性发问，这就把被动变成了主动。"您买这个产品，主要是自己用，还是打算开会的时候用？您开会的话大概是100人用，还是1000人用？因为场景不一样，用的话筒就不一样。""您买这个话筒是做主持用，还是开演唱会用？功能不一样，买的话筒也不一样。"

所以说，销售人员要改掉直线思维，不要马上报价，要先给客户报一个大概的价格区间，先把他稳住，然后再去了解他的需求。

最后总结一句话，报价有方法，既要选择三步阶梯报价法，又要掌握好主动采用区间报价法。就算客户还价，也会在你的报价基础上，通过一系列操作，让客户有占了便宜的感觉，又买到了最符合自己需求的产品，这是报价的核心。

销售最忌讳直线思维

很多销售人员对客户的问题有问必答，直来直去，不会反过来询问客户去挖掘客户的需求。也有的销售人员只顾着介绍自己的产品和服务，而不听客户的心声。这两种情况都可以归为销售的直线思维。

有一次，我带孩子去参加一个课外辅导班的家长试听活动，当时去的家长不少，负责接待的销售人员也有好几个。我的职业敏感使得我总是在观察和倾听这些销售人员都是如何与家长进行沟通的。有的销售人员会说自己的机构师资力量雄厚、办学经验充足，现在报名可以享受哪些优惠政策等，我一听这个销售的手段就很低级。他们只知道推销自己，却不懂得变通思维去赢得客户。接待我的是一个有经验的销售，小姑娘说的几句话让我从心里佩服，她是这样问我的："家长您来参加试听课，肯定是有想让孩子学习和提高的需求，您具体想让孩子哪方面的表现更突出呢？比如专注力、学习力、学习习惯或者成绩？"我一听这问话就觉得对方很专业，我说："我希望孩子有个自己喜欢并能坚持学习的特长。"这位销售接着说："如果您仅仅是这个需求，咱们城市里您任意选谁家都可以达到，大可不必报我们这样的培训班，您下载几个 App 软件也可以实现。"我一向自认为能言善辩，但面对这位销售我竟然一时词穷不知道应该如何接招，只好安静地听她继续讲她们培训机构的优势和特色，不知不觉地就被吸引了。觉得她们机构实在是高大上，不但有别于其他机构那种按部就班式的培训方式，还有很多其他机构不具备的优势和特色。最主要的是，我在听完她的一番介绍以后，就毅然决然地交了一年的学费，虽然这个学费对比其他机构要贵很多。

这就是运用曲线思维的销售话术的厉害之处。如果没有接受过专业训练的导购员，往往只顾着介绍自己的优势，而不懂得如何去让客户欣然接受。

以前我去过一个服装批发档口，在那里我一眼就能看出来谁是高级销售，谁是刚入门的"小白"。因为没有经过专业训练的档口小妹听到拿货的零售客户说价格贵时，她们立即就会回复说："我们家这个价格还贵啊？你去整个市场转转，从一楼到五楼，你去比较一下，比完了再来我家，千万没做对比就说我家的东西贵。"我想，无论谁听到这样的话都会扭头就走。

有一次我和太太去买衣服，虽然商场里全是经典款，但我太太看着这些衣服觉得都不符合她的审美，于是随口说了一句："这家店的衣服真难看！"如果把销售换作你，正好遇到一个说你家衣服不好看的客户，你该如何应对呢？你总不能说："瞧你这眼光差的，这衣服还难看，我家衣服销量月月领先，明明是你自己不适合还嫌衣服不好看。"用这种直线思维来应对客户的话，不打起来才怪。如果是高级销售，他们就会换个话术来应对："姐，我理解你，很多客户第一眼看到我家衣服都觉得不好看，其实我们家衣服在整个百货商场里面卖得非常好，连续两个月排名第一，因为我们家卖的都是经典款，经典款虽然看上去不起眼，但是只要一上身，效果就非常好，更关键的是经典款今年可以穿，明年还可以穿，永不过时，所以我们家生意非常好，很多老客户买了一件还买第二件，买了第二件还买第三件。"这样一转变，销售就把自己家的缺点变成了优点。

我经常在培训企业的销售人员时，告诉他们要想成为真正的销售高手，就要在没有客户上门的时候，不去刷手机浪费时间，而是与其他销售人员进行一对一的模拟演练，假设对方就是你的客户，尽可能把挑剔和难搞的场景都演练出来，练习得多了，说的话多了，思维和认知慢慢就发生转变了。

无论你从事什么行业，你都需要把产品的核心卖点或者成交主张换算成数字的形式，或者是让潜在客户看了就能明白的方式。

比如，你做儿童英语培训，家长觉得每个月2000元的培训费用太高。你可以告诉家长：参加了我们的培训，孩子可以养成很好的语感和学习英语的兴趣，升学考试一下子多出了30分，本来只能考上普通高中，现在上了重点高中，本来只能上普通大学，现在上了重点大学，毕业以后出来找工作，月薪本来只能2000元，现在变成了4000元，每年多赚了至少2万元。我们的培训费每月只要2000元，你感觉值不值？

比如，你是卖焊接材料的，你不要对客户说："我的焊接材料是最棒的，市场上最好的。"这句话是空洞的，毫无意义的，是不能打动客户的。你应该更具体地说："我用其他的产品，完工时间需要15分钟，用这些材料只需要3分钟，所以我半天就干完了一个星期的活儿，节省了很多时间。"

这些话术就是从直线思维转变成了曲线思维，而销售能够真正打动客户的原因往往是利用曲线思维。

客户嫌"贵"，如何卖

在销售过程中，客户最常说的两句话，一句是"这个多少钱"，另一句是"太贵了"。这两句话让很多销售人员感到头疼，前一句关乎报价的问题，后一句关乎还价的问题，一旦涉及价格问题，往往都是销售过程中最敏感的问题，处理不好容易流失客户，无法成交。所以，当客户嫌贵的时候，回答的话术要慎之又慎。

下面是解决这一问题时需要避免用的四个话术。

1.销售听到客户说"贵"的时候往往会直接说："对不起，我们这个品牌，全国统一价，这是最低价了。"

客户听到这样的说辞，第一反应是反感。因为在客户心中，再牛的品牌也没有客户的自我感觉牛，是不是品牌并不由销售人员说了算。另外，你一句"我们是品牌"就把客户想要砍价的想法给扼杀了，遇到没有耐心的客户可能会立刻走人，才不会管什么品牌不品牌的。只要没达到他们心理预期的价位，就不会跟你继续耽误工夫。即使是品牌，也不要耍大牌，真正的品牌应该更谦虚，应该用曲线思维去讲述品牌的影响力、口碑以及有多少专卖店，有哪些知名人物正在使用等，而不是用直线思维一句话让人心生不悦。

2.当客户说"太贵了"，你回一句："一分价钱一分货，好货不便宜，便宜没好货。"

但客户要的是"物美价廉"，是好货也不要太贵。如果只会这一个话术，客户会觉得你在敷衍，没有诚意，他也不会跟你浪费时间。如果你把产品的性能、性价比、领先的技术和使用的稳定性等方面展示给客户，让客户自己去感知贵有贵的道理，这样即使价格贵一点，他们也会觉得划算。

比如"虽然我们的价格是贵了一点，但是我们采用的是进口轴承，使用寿命是10万个小时。竞争对手采用的国产轴承，寿命只有8000个小时，因此，竞争对手一年就要小修一次，而我们可以做到10年安全运行，不用维修。虽然我们表面上看，价格是贵了一点点，但是没有维修费，综合下来是更便宜的,绝对值得您购买。"

3. 客户说"贵",你跟他们诉苦,比如说一句:"我们的产品之所以贵,是因为成本高呀。"

不要讲这些,客户才不管你的成本,何况你的成本是高是低跟客户没有任何关系,他们甚至会认为你在信口开河。正确的说法应该是从自己产品的原材料和做工工艺以及售后服务等方面去讲,让客户感觉价格贵得有道理。

2017年,我曾服务过一家美国知名床垫品牌,与其销售团队编写了一段关于产品原材料和做工工艺的话术,看看我们是如何让客户觉得物有所值的。

"床架采用的是马来西亚的卡普木,马来西亚是属于热带雨林气候和热带季风气候,在这种环境生长的卡普木材质坚硬、耐湿性特别强,最适合用于做家具用料。做床以后经过抛光、干燥、除菌、防虫等特殊的工艺处理,把木材的含水率控制在12%~16%,特别适合海洋气候的青岛。青岛夏天的空气特别潮湿,但这种木材不会发霉。冬天一般室内都开暖气,它也不会因为水分流失而出现变形或开裂。像国内的实木最好的也就是东北地区出产的松木,松木最大的缺点是木质松软不能承受太重的重量,如果加工工艺做不好的话,脱水脱脂严重就特别容易开裂。"

4. 不要带着贬低的态度去跟客户说话,比如"你嫌这个贵,便宜的东西你放心吗?只有贵的东西才让人放心!"

虽然便宜的东西的确不能让人放心,但价格虚高的产品同样不能让人放心。你可以用另一种话术回复,比如"现在市场上的产品参差不齐,上次有个客户买到一个产品,外观看着很好,用了没几天,就拿到我们这里维修,以为和我们专卖店的品质是一样的呢,结果完全不一样。所以,我们贵是因为我们是品牌专卖,全国都是统一价格。"所以,当客户说贵的时候，销售第一时间要认可客户嫌贵的这个心理，不要逆着客户去说，而是要顺着客户去说。客户希望在原来的价格上得到实惠和优惠是正常心理。所以，在回复客户的时候也要真诚相待，让客户感觉到你的真诚。具体话术，可以参考以下三个方法。

1. 化大为小法

2022年，我受广东肇庆某珠宝经销商的邀请，给他们160人的销售团队讲授"超级卖手训练营"课程。现场有很多学员反映，客户都觉得珠宝的价格太高了，都嫌贵。于是，我们设计了一段利用化大为小法的销售话术，瞬间解除了客户的抗拒。具体如下。

"姐，您好，这条项链的价格9800元。好的项链可以佩戴10年以上，平均下来每年的花费只要980元，分摊到每个月的花费也就是90元，每天也就是3元。您看，您平时随便做个美容都要200~300元，做个足疗也要100~200元，这样一算，买珠宝多划算啊。再说了，一件好衣服也就穿个1~2年，一部好手机也只能用2~3年，好的项链可以佩戴10年甚至更长的时间，还可以传承给下一代，即使您不喜欢了，10年后可以卖掉，还能增值，所以珠宝是世界上最便宜的商品了。"

2022年，我受到河北某美妆连锁的邀请，为她们的销售团队讲授"超级卖手"的课程，在课堂上，我们为某品牌的护肤品编写了话术。

"这款面霜的价格是1780元，姐，其实一点都不贵，因为一瓶面霜能用半年时间，分摊到每个月只要300元，每天只要10元，我们随便出去做个美容要两三百元，做个足疗要一二百元，所以这个霜是非常超值的。而且，这个品牌的母公司每年投入到研发上的费用是十几亿美元，您只要每天花10元就能买到世界顶级的护肤品，这样一算是超值的。"

所以，化大为小的关键点，就是把价格拆分到每一天，女客户就与美容一次两三百元做对比，男顾客就与买一包烟二三十元做对比，让客户觉得商品一点也不贵。

2. 换位比较法

如果客户说"你们价格有点贵，别人的价格都比你家的便宜"，我们还可以采用"换位比较法"的话术来应对。

"是的，姐，我理解您，确实有很多的品牌价格比我们便宜，但是我想问您一下，如果我们两个品牌价格一样的话，您会买谁家的呢？"客户回答："那当然是买你们家了。"我们问："那是为什么呢？"客户就说："你们家品牌知名度大，售后有保障，而且确实做工要比别人的要好。"我们说：所以嘛，姐，我们贵一点也是物有所值嘛。"

3. 加价好处法

在话术中加入提升差价的概念，这种方法适用于很多种产品的销售。"只要多付1000元，您就可以享受到纯粹的夏威夷风情。""您只要再加4元钱，就可以从中杯升级为大杯，大杯比中杯多30%的容量，非常划算哦。"

用服务去成交已成趋势

有这样两句话形容品牌和企业：企业的目的在于盈利，品牌营销的目的在于获得与保持用户数量的同时，持续盈利。这两句话说得都对，但还应该再加一句：企业的目的在于用优质的服务让用户感知美好，才更容易盈利且持续盈利。

让客户体验美好看似简单，实际做起来并不容易，这需要企业给予客户超预期的服务，让客户感受到较高的满意度，这样客户才会觉得你好，从而爱上你的品牌和产品，成为你产品的义务口碑宣传员。

即便是不能成交，脸色也不要转换得太快，因为这次成交不了，还有下次，毕竟你已经掌握了客户的信息（电话号码、微信号），她已经是你的潜在客户。即便是永远都成交不了，她也会为你的服务、笑脸点赞，为你的产品做传播。

大家都有这样的认知，即用服务去成交已成趋势。

有一些商家，在没有成交之前，非常卖力地宣传自己的产品优势和全方位的服务项目，但一旦钱真正到手了，态度就有了极大的转变，后续的一切都跟不上，这无疑是打脸行为，也是自毁招牌。想要成交，先要想着如何去真心服务客户。

记得我买车的时候，最初想买A品牌的轿车，于是得到选在一个周末早上，兴致勃勃地打电话给A品牌店，我以为会得到热情的接待，没想到对方没说几句就急于挂掉电话，因为周末店里有很多看车、试车的客户，销售人员忙于现场接待，无暇顾及一通普通的咨询电话。放下电话后，我心里很不舒服，决定去看L品牌。于是我先打电话联系，结果对方很热情，详细地告诉我怎么过去，谁来接待等。我在去L品牌店的路程中，L品牌店员又打电话给我，关心我是否能找到，因为有个岔路很容易开错方向，等快到L品牌4S店时，接电话的店员和他的同伴，已经提前到门口迎接，到了店里，立即备好茶点，并开始详细介绍。当天试车的人也不少，现场井然有序。最后的结果是准备买A品牌的我却开回来了一辆L品牌的轿车。因为我对A品牌的咨询体验很不好，自然就不会有后续的行为，而我之所以最终选择买L品牌，就是相信他们的服务。

前几年，某国外品牌的手机体验店得到很多年轻消费者的追捧，这几年，某国内品牌的手机体验店和售后维修店的服务也是非常细致、温暖

卖手成交思维

的。在该品牌手机店维修手机，等待的间隙，工作人员会主动巡场，为久等的客户送上一杯温水，维修好手机，店员会主动询问是否需要重新为手机贴膜，只需要几分钟，焕然一新的手机便可交给客户，如此周到的小细节往往都会得到客户的连连感谢。

这就是用服务去成交的趋势，现在消费者可选择的余地太多了，无论什么商品都随处可见，如果你的销售做不到让客户有良好的体验，他们凭什么选你呢？

世界各地的高管与学者都已接受这一观点——在现代经济中，成功的关键是提供好的消费者体验，从而真正从竞争中脱颖而出。在情感、理性与实际接触等多种复杂因素促使与消费者产生连接的情况下，企业去设计和构建体验服务，真正做到"以人为本"，打造独特的竞争力。

比如，你正好感到肠胃不舒服，通过外卖 App 软件买了小菜和热粥。30 分钟餐品送到，粥是用正宗的泰国香米熬制的，小菜是正宗老字号腌制的。热粥下肚，看着送餐袋里的便笺上写着"工作再忙，也要照顾好自己"，你整个人都觉得舒服了许多。外卖本身属于服务经济，但一句暖心的细节叮嘱却带给了消费者"整个人都舒服了许多"的体验和感受，让消费者对餐饮外卖产生了不一样的好感，也就为以后形成黏性打下了基础。

时代在发展，社会在进步，所有东西都在升级，洗牌是必然的。如果不升级思维、升级产品、升级服务，就会面临淘汰。你想卖产品、卖服务、卖理念，而不去关注消费者，不去给他们创造优质的体验，他们是不会买单的。

如何对客户不同心理进行逐个击破

销售人员面对的客户可谓形形色色，每位客户的心理和需求各不相同，只有把话说到客户心里去，客户才能购买产品。这就要求销售人员要对不同客户的不同心理有所了解和掌握，下面我们分析一下常见的客户心理以及如何应对的话术。

1. 贪便宜心理

几乎所有的人都有贪便宜心理，想花更少的钱买到更好的货，这种情况一般多出现在消费习惯比较节俭，经济能力不是非常宽裕的客户身上，面对同等产品，他们会更关注价格，如果价格无法令他们满意，往往不能成交。面对这类客户，销售人员要做的就是尽可能薄利多销，满足客户占便宜的心理，让他们在价格上真真切切地感受到实惠，这样就能留住有这类心理的客户。

话术1："这款产品这次我们厂家周年庆做活动，原价1299元，现在只要899元，所以买到就是赚到。"

话术2："这款产品在京东淘宝上要卖899元，而这次我们厂家做活动只要699元，所以买到就是赚到。"

2. 跟风心理

生活中常见一种现象，如果你看到某个店铺前面有购买者排起了长龙，你就下意识地认为这家店里的东西一定好，这就是一种跟风心理，也叫羊群效应。一般有这种心理的人很容易成交，他们只是一时兴起，看到别人买自己也买，不是内在真正有需求，而是受外在影响产生的购买行为。可以利用客户的从众心理去推销产品，但不可以夸大其词和做虚假宣传，切记在任何时候，作为销售人员的职业操守必须要有。

话术1："这款奶茶是我们家的网红爆款，每个月能卖出3000杯，是我们店的镇店之宝，您要不要来一杯？"

话术2："这个套餐是我们的特色款，每10位顾客中就有7位会选择此套餐，我建议您可以尝试一下？"

3. 标新立异心理

追求这种心理的客户一般在购物时不想与别人雷同，更加注重新奇和独家定制。这类客户会对新产品更加喜爱，更加偏爱时尚、新潮的产品。销售人员针对这类客户应该向其阐释产品的新、奇、特以及独家定制，让客户意识到产品是最新的，设计风格也是独特且具有差异性的，这类客户一旦成交，还会持续关注后面的新款上市，比如，热爱某国外品牌手机系列产品的客户就是这种心理。

4. 图省事心理

有人说科技和经济的发展都是由懒人推动的。因为有人不想出门，所以有了外卖，有人不想洗碗，所以发明了洗碗机，有人不想下楼取快递，所以有了送货上门服务和货到付款。这类人往往对那种越是服务到家的产品越喜欢，他们追求便捷与全方位的服务方式，如果发现这类客户，就要打造从线下到线上的销售策略，给予他们更多的服务项目选择，以能为客户提供方便为原则，排除可能干扰到客户的不便利因素，让客户主动选择产品进行购买。

5. 寻求保障心理

有一部分客户在付款之前会先确定产品如果出现了问题时能不能退货，有没有三包保障，保修期限是几年。这表现出了一种不太信任销售人员的心理。这类客户往往更在意产品本身的售后服务,遇到这类客户,应该主动打消他们的顾虑,让他们知道你能提供无忧的售后服务,让客户有反悔的机会,可以三天包退,七天包换,三个月包修;等等。让客户知道自己还有反悔的机会,能够让自己的利益得到最大化补偿。

6. 虚荣心理

大部分人比较重视自己的面子,为了满足面子会去买一些名牌产品,觉得只要用上了名牌和高档产品,自己的面子也会跟着提升。一般爱面子的心理是为了显示自己的地位和以声望为主的购买动机。虽然大部分人都爱面子,但是在向客户介绍产品的时候还是要针对不同的需求进行推销。有的人仅仅是爱品牌,而有的人却爱奢侈品,虚荣的程度不同,接受的产品也不同。一般让他们拥有能够炫耀的产品,往往更容易成交。

根据客户的这一心理,销售人员在介绍产品时,应该对客户多讲赞美的话,让客户以买到该产品为荣。认为该产品能够彰显客户的地位和品位,如客户在购买××手表时,出现了犹豫不决的态度,销售人员就可以利用客户的炫耀心理,告知客户"没有××就不叫成功男士",客户就很可能会因为要满足自己的炫耀心理,产生一种"我是成功男士,所以我必须买××的手表"的想法,从而大大提高产品成交的概率。

销售人员在销售产品时常常遇见这类客户,所以他们就巧妙地利用客户的炫耀心理来促成产品的销售。

7. 稀缺心理

拥有稀缺心理的客户对于限量版的产品情有独钟,所以针对这类客户的消费心理,可以采用"限量购几件""每个限购几件"等方式来引起客户的购买欲望。比如,每年银行推出的限量版纪念币或生肖金条就是这种销售模式。设想一下,当你犹豫不决是否要购买一件衣服时,如果这件衣服存量较大,你会马上买下它吗?大部分人的做法是先回家想想,考虑好

卖手成交思维

了再回来买。但如果这时销售人员对你说合适你的尺码就剩下一件了,很快就会被别人买走,那么你当时买下的可能性就很大。在使用稀缺效应时,核心思想是让客户感受到产品的稀缺。所以,销售人员要根据实际情况,对客户进行相应的话术转化,灵活应对客户的提问,从而营造一种产品稀缺的氛围,让客户立即下决心购买。

8.追求明星和权威心理

很多客户一听说是"某某明星同款""某某明星代言"就会莫名产生信赖,觉得大牌明星都在用的产品一定错不了。"经过某某专家推荐""某专业机构评测"等,这样他们就会信赖。遇到这类客户可以清楚地告诉他,产品是由哪些明星代言或由哪些权威的专家背书,这样客户才能对产品产生兴趣,并能发挥明星效应的最大功效。因为大部分权威人士是正确的楷模,服从他们能够为自己带来自身安全感的满足,增加选择正确的概率,所以,人们常常会对具有权威性质的产品有更高的信赖感。日常生活中常常会用到权威效应。销售人员使用权威效应时,不仅要注意权威的正面导向性,还要注意权威效应只是用来售卖产品的一种辅助手段,最重要的还是产品的质量与口碑。另外,销售人员不应该利用权威效应弄虚作假,一定要实事求是,以诚信为主。

逼单成交的秘诀:制造紧迫感

如果说客户的什么话会让营销人员感到紧张不安,那一定是"我要考虑考虑"。客户一旦说出"我要考虑考虑",往往就意味着不了了之,最终不会成单。大部分客户都是在临到成交的那一刻说"我再考虑考虑"，而优秀的销售人员能够通过制造紧迫感给客户施压，能够让客户迅速采取行动，并实现成交。

那么，具体碰到哪几种类型的客户时，可以采用施压的方法促进成交呢？首先要知道顾客为什么会犹豫，通常有这么几点原因：一是还想货比三家，所以不急于下单；二是怕买贵了，买亏了，说白了就是怕交钱后上当；三是自己还不确定哪款更适合自己。

无论是哪个原因，客户只要犹豫，就会给成交带来阻碍。如果销售遇到这种情况时只说"您得抓紧，存货不多了，不然买不上了"，这样的说法能够起到一些作用，但只会对个别客户起作用，要想更科学合理地促成签单，还是要学几招正确的施压方法。

1. 价格上涨法

任何产品的价格不是一成不变的，做活动的时候一个价，不做活动时一个价，这几天一个价，过几天又是一个价。销售人员要学会利用这一点来给客户施压，告诉客户如果现在不买，甚至明天再来交钱就已经不是这个价了（前几年的房地产行业几乎都是用这个方法来使客户成交的）。采用这种方法的时候，销售人员要明确知道自己的产品是否真有上升空间，否则会让客户觉得你不诚实，在有意欺骗他。一定要用你的专业水平去说服对方而不是恐吓对方，让对方觉得不买真的会亏，他们才会有压力及时成交。

2. 限时报价法

遇到节假日的时候，很多商场或超市经常用这一招，比如，他们会推出"某某产品限时抢购""节假日期间打折促销"，这样的限时报价，会给客户造成压力，会促使客户快速抢购。常见的话术有"姐，今天是中秋节活动的最后一天了，明天就要恢复原价了，现在买到就是赚到，错过这次会后悔一年啊！"

3. 不强迫客户法

虽然要给客户施压，但也要尊重客户，比如"我并不想强迫您，您不想买自然有自己的顾虑和打算，买东西也需要好好考虑才对，但是，我觉得这件商品真的很适合您。"这样一说，客户反而会因为你的尊重使他感到越发地紧张，而且他会认为销售员这样说完全就是在尊重他的选择，这样的尊重往往会加快他做决定。

4. 继续询问法

客户说："我回去再和家人商量一下。"这时，销售人员不可以回答说："您回去再商量商量，有回信了您第一时间联系我。"这样一回答基本上这个客户不会再联系你了。正确的施压应该是运用继续询问法，比如"您想回去商量主要是考虑哪方面呢？是款式、颜色、尺寸，还是价格方面呢？"这样一回答等于给出了客户选择的范围，无论客户最终选什么，销售人员都能从中探究到客户的真正意图，知道对方对哪里不满意。如果再加上一些理解和认可，那就更完美了，比如这样说："我非常理解您，毕竟商品的价格也不便宜，跟家人商量一下是正确的。"客户听到这里，心里一定很温暖，感觉你没有逼迫他反而很理解他，如果接着再问上面的那几句，知道客户要商量什么，无论客户对哪方面不满意，销售人员都可以有的放矢，继续去跟客户探讨。

5. 礼品成交法

在客户说要考虑考虑的时候，销售人员要稍微脸皮厚一点地跟客户说："难得今天我家做活动，而且活动的力度还是有史有来最大的，今天定下来您不但可以享受八折优惠，我还可以跟公司申请送您一个价值×××元的大礼包，这是平时只有VIP才能享受到的福利。而且这些礼品数量有限。"一般在前面已经沟通了很久，只差最后的成交时，用礼品往往更能打动客户。这里要注意的是，要说是礼品，千万不要说是赠品，因为客户始终认为赠品是免费的，是不值钱的。

6. 请求成交法

如果前面的方法都没能打动客户，最后还有一绝招，就是销售人员请求客户帮助的方法。一般销售人员要请求异性的帮忙会更加好使。比如，对方是一个男客户，女销售员常见的话术："哥，今天是我月末PK的最后一天了，还差您这一单，我就完成任务了，您到哪里都要买，在这里买等于帮了我一个大忙。我再也不想PK失败吃苦瓜了。"一般客户遇到这样的销售人员，都会生出同情心，反正自己正好需要这个商品，于是就成交了。在培训公司里，销售排名前10的卖手中，一般有7位都是女销售，因为培训公司的客户大多数是男性。尤其在月末，培训公司的女业务员就用请求成交法来成交客户，效果非常好。当然，请求成交法的前提是您平时服务做得好，客户对您有亏欠感，月末的时候就可以请客户帮帮忙了。

给客户施加压力进行逼单并不是逼着客户必须去买我们的产品，施加压力是为了让客户更快地做出选择，所以给客户施加压力时，不要和客户闹得不愉快，因为即使这次他没有购买产品，但是下次可能会主动联系我们购买。假如因此而闹得不太愉快，记得要给予客户一些补偿，之所以给他补偿是为了下次成交，所以说逼单有技巧，签单有方法。

找对刚需客群，提高销售的精准度

营销的目的在于成交，成交来自两个因素，一是产品，二是客户。简单理解就是把你的产品卖给需要的人，这样才能实现销售的精准度。其实,无论什么产品或服务,只要建立了用户的精准度,赢得了用户的信赖,就能为企业带来源源不断的收益,同时能大大提升销售人员的工作效率。

那么如何确保寻找自己客户的精准度?要学会问一个问题,我的产品对谁是刚需,即一定需要。

我之前辅导了香港某高档滋补品企业。我在做辅导的时候,问的第一句话就是:"你们的燕窝可以卖给谁?"销售人员回答说:"面向所有客户,任何人都可以吃燕窝。"如果一个产品针对的客户是所有人,那就等于没有客户。我说:"所有人都可以吃燕窝,等于所有人都不能吃燕窝,你还是没有找到你最精准的目标客户群体。"接着我又问:"在你们服务过的客户群体当中,哪类客户买燕窝的成交率最高?"他们想来想去,回答说是孕妇和宝妈买燕窝的成交概率最大。为什么?因为燕窝的价格毕竟不便宜,一般人不舍得吃,只有怀孕了,或者产后的女性才舍得花钱去买燕窝,因为燕窝是对她们而言是刚需。所以,他们找准了精准客户群体,就是孕前、孕中跟孕后的妇女。

找到了精准客户以后,我辅导他们如何拓客,也就是既找到了"鱼",还要把这些"鱼"引流到你的"鱼塘"。于是,他们专门到一个高档小区门口开展宣传活动,只要看上去像宝妈或准妈妈的女性,他们立刻送一份体验装的鲜食燕窝给对方试吃,如果觉得口感好还可以进店品尝,这样他们的拓客率和成交率就大大提升了。

所以,提升营销的精准度就是要找到与你产品相匹配的刚需人群。我们辅导的第二家企业是泉州的一家销售熊胆粉的企业。第一次见面我也问了同样的问题:"谁可以吃熊胆粉?"他们当时也认为所有客户都可以买他家的熊胆粉来吃,后来我引导他们找真正有刚需的精准客户,他们这才说:"应该是喜欢喝酒的男性吃熊胆粉最好,因为熊胆粉解酒、护肝补肾的效果是最好的。"当他们定位了刚需目标人群，于是就锁定了年龄在40岁以上体态偏胖、有"啤酒肚"的男士身上，然后重点培训员工，只要见到符合这些条件的客户进店，就重点去推荐熊胆粉。后来，他们的熊胆粉产品顺利进入了老百姓大药房的10000多家连锁店，销售量激增，为此还给我发来了感谢信。

当然，找到刚需精准客户不是靠开展一次活动或者是做一次目标人群定位就能够实现的。作为企业，要掌握的关键点就是"复盘+行动力"。

复盘是每次开展营销活动后，对当下的数据进行复盘。复盘过程中，大脑会对这些数据进行逻辑、推理、分解，会用到系统思维方式。从我个人的角度来看，营销的底层思维，第一是复盘力，第二是行动力。说得更简单一点就是，持续地去做，做了之后及时反思，反思后带着方法和问题继续去做。切不可陷入"小心分析瘫痪症"，这个在不少企业都有发生，具体表现就是有特别多的分析工具，所以整天分析，浪费了大把的时间，等到最后找到了一个特别好的结果去做的时候，时间都已经过去大半了，机会已经没有了。所以，无论怎样先去试一下，工具叫作MVP，M代表最小化，V是可行，P是产品，也就是最小化可行产品。

也就是说，当企业想用自己的产品去找到目标客户时，可以先向市场推出简单的活动，然后根据市场和客户的反馈结果，不断做出策略调整，用最小的成本直接面向客户，去验证产品是否符合客户需求，在这个过程中灵活调整方向。在这种情况下，如果产品不能符合市场需求，那么就可以"快速、廉价地失败"；如果产品被客户认可了，那么就可以对其进行不断优化和迭代，最终实现大规模投入市场获得利润和发展。

MVP强调通过创造性地类比和嫁接，通过测度与数据收集，与预设指标比较，获取认知、学习与迭代，放弃一切无助于认知的功能，尽快进入下一轮的学习和升级。

卖手成交思维

客单价翻番的利器：诊断+原理+方案

有经验的销售人员一定会有这种体会，所有的客户在成交过程中都会经历一系列复杂、微妙的心理活动，包括对成交商品的功效、价格等问题的一些想法及成交方式、如何付款、需要具备什么样的支付条件等，而且不同的客户心理反应也各不相同。

客户的购买行为主要受到需要与动机、感觉与知觉、信念与态度、情绪和感情等一系列心理因素的影响。

这说明销售人员不仅只是卖产品，还要洞察人的心理，给出正确的解决方案，只有懂得客户复杂的心理状态，才能达成最终的成交。

2019年，珠海的某连锁药店邀请我去给他们讲课，当时他们面临的问题是药店竞争太激烈，在一条街上，相距不足20米就有一家药店，导致每个门店的整体销售额不高。于是，我就以客户的身份去店里观察销售人员的卖药情况。我进店的时候，正好有个客户来买药，问道："你们这里有吗丁啉吗？"销售回答说有，然后直接拿了一盒药给客户，收了28元钱后就结束了。事实上，这个销售人员的业务水平都算不上及格，因为任何人都懂得拿药收钱这个简单的销售流程。假如遇到一个客户来药店买药，正好药店没有他要买的药呢？难道就任由客户走了吗？另外，这一单的客单价只有28元，请问客单价还有没有提升的空间？客户要的是吗丁啉，请问客户想用吗丁啉解决他的什么问题（治病）呢？下面，我就用"诊断

+原理+方案"这个销售公式，既解决客户的问题（治病）又能提升药店的销售额。

　　比如，当听到客户问有没有吗丁啉的时候，销售人员可以反过来询问一下客户，究竟是身体哪里不舒服，是给自己买药还是给别人买药。如果客户说出自己哪里不舒服，销售人员应再询问一下客户感觉难受的时间、平时的表现、看没看过医生、之前吃过什么药、有没有效果等，这些询问能够让销售人员知道客户到底是有什么问题、平时吃的是什么药以及医生诊断的病情结果。这样就能知道客户的需求也许不仅仅是买一盒吗丁啉那么简单，要解决的可能是一直困扰他的慢性胃溃疡的问题。这个时候，如果药店的销售人员懂医学知识，就可以给客户提出一个更好的解决方案，比如，要解决溃疡的问题分几步，并说出每一步的原理：第一步，要消炎，溃疡的发生是因为有炎症，这时候单用吗丁啉无法解决问题；第二步，只有抑制胃酸过多分泌才能促进溃疡面愈合；第三步，增加胃消化动力；第四步，保护胃黏膜，让胃溃疡自己慢慢自愈。由此看来，这四步中只有第三步是吗丁啉能解决的，其他三步都需要吃别的药才能见效。如果单吃吗丁啉增加了消化动力，胃口好吃得多，但会让胃的负担更重。所以，单吃吗丁啉治标不治本，以后胃不舒服的问题还会反复出现。经过这样一番询问和沟通，客户最后买的肯定不只吗丁啉了，消炎的、抑制胃酸的、增加胃动力的、保护胃黏膜的药客户都会买。这样既给客户解决了问题又提升了销售额，是不是更科学一点呢？

　　接下来，我们看一个销售护肤品的案例。2017年，我把这个公式教给了新疆某美妆连锁店的员工，使他们的业绩快速提升。

　　皮肤问题有一些是因为缺水引起的，所以遇到这样的皮肤问题，解决的关键就是补水。业务水平一般的销售人员是怎么做的呢？客户来到店里问，"你们家有没有某品牌的爽肤水？"销售人员回答："有。"客户问第

卖手成交思维

二个问题:"卖多少钱?"销售人员回答说:"199元。"客户说:"好,帮我拿一瓶吧!"销售人员回答:"那你来这边买单。"然后客户交了199元,拿着一瓶爽肤水回家了。

在这个案例中,这一单有没有可能变成699元?

回到刚才那个场景里面,这个销售人员根本没有抓住客户的真正需求。销售人员可能会说,客户的需求不是爽肤水吗?事实上,客户的需求根本不是爽肤水,因为产品不是需求,解决问题才是需求。

那销售高手会怎么做?客户问:"你们家有某品牌的爽肤水吗?"销售人员先回答:"有。"接下来要学会两个字——反问,通过这两个字可以了解客户的需求。"美女,我冒昧问您一下,您想买这款爽肤水是想解决什么样的皮肤问题?"

客户会说:"我一直觉得皮肤很干(症状),特别是在北方,我就想买一款爽肤水。"这个时候销售人员就说:"美女,其实吧,我们的皮肤每天都需要持续补水,但是您有没有发现一个问题,虽然已经用了爽肤水,但您还是觉得皮肤非常干,您知道这是为什么吗?"客户说:"我不知道。"销售人员接着说:"美女,补水需要四步(原理),第一步就是您用的爽肤水,先让我们的表皮进行补水,但仅仅给表皮补水是不够的,一定要进入到第二步。"

"那第二步是什么呢?水虽然补了,但水会流失,所以我们一定要把补充的水锁住,所以第二步要修复您的皮脂膜,目的是把补进来的水锁住,不让它流走。"客户这么一听是不是觉得很有道理。

"那第三步是什么?表皮的下面就是真皮层,对真皮层我们要进行修复,要增加它的胶原蛋白和弹力纤维,这样的话所有的水就会有活力,而不会让您的皮肤因缺水而变得更干,所以第三步要改善您的真皮层。"

"那么第四步就是改善皮下组织的平衡功效,要做好这一步,就要水跟油这两个配比要合适，这样您的皮肤才不会缺水，不但不会缺水，水还会由皮下组织源源不断地由内而外散发出来，所以这就是为什么您只用爽肤水是解决不了皮肤干这个问题的原因。"客户听到这里，觉得有没有道理？"所以您除了买爽肤水之外，我强烈建议您再买乳液、霜和精华液，包括可以补充胶原蛋白的保健品，这样一来，恢复皮脂膜、补充胶原蛋白和水油平衡的问题通通都解决了，也只有这样才是真正做到让您的皮肤不缺水。"

这样，就能通过爽肤水关联出 A 产品、B 产品，还有 C 产品，所以先说补水需要四步，再告诉客户每一步的原理是什么，我们告诉她怎么解决，最后推荐她什么样的产品，这时整个销售流程就出来了。

所以，销售不是单纯地卖产品，要学会运用"诊断 + 原理 + 方案"。什么是诊断？客户的问题是什么、用什么样的原理进行解决、讲清楚了原理以后用什么样的方案。而方案就是你的产品。所以，记住我们的公式叫作"诊断 + 原理 + 方案"，这三个步骤把顾客和销售的问题全部解决了。

其实，"诊断 + 原理 + 方案"的核心就是对客户产生同理心，不要为了销售而不管客户的真正需求，一般需要注意以下三个核心要点。

（1）诊断是基于客户和销售人员共同认定的问题，而不是销售人员强制性地把某个问题扣在客户的头上。销售人员通过一系列的提问，引导客户主动说出原因，形成共情，进而共频，一起来面对问题和挑战。

（2）要给出可以达成共识的方案。事实证明，只有这个方案是买卖双方在一起交流和碰撞后达成的共识，才能够最终得到客户的认同。

（3）要击中客户需求的要害。销售人员引导客户去发现，怎么能够从根本上解决客户的问题。销售人员通过将客户症状的影响程度进行量化，即将客户需要解决的问题、改善的程度进行量化，来发现引导客户探究出现问题的根本原因。

第五章
超级话术让产品价值倍增

卖手成交思维

将观念植入产品中

很多销售人员一见到客户，就说自己的产品如何如何，这样的做法很容易把客户吓跑。真正的营销高手，都是先改变客户的观念，将观念植入产品，让产品变得更好卖。

我们在具体的销售场景中经常能看到，销售人员最开始卖的是观念，而不是产品，最后成交的却是产品。

比如，我在给美国某床垫品牌培训时发现，他们的销售人员在卖床垫的时候，不会告诉客户床垫有多好多舒适，而是说，人一生中1/3的时间都要在床上度过，只有好的床垫才能给客户好的睡眠。所以，客户听到的不是床垫有多么好，听到的是有利于睡眠。

比如，我去一家手表店里买手表，发现销售人员不仅会讲这款手表的制作工艺有多么精良，还会说："哥，你哪里都可以省，唯独手表不能省，因为你的身份值得拥有这款手表。"我听到的不是销售人员向我推荐手表，而是我值得拥有这样的好表，是我的身份需要。

比如，你装修的时候想换掉马桶，人家不仅会跟你说，新房的一切都要配备新产品，还会说"家里哪里都能省，唯独马桶不能省，因为好的马桶用起来简直就是一种享受，自动冲水功能、音乐功能、强大的虹吸功能，好用的卫浴产品就是你的品位"。人家卖给你的不是马桶，而是你的品位。

比如，你想买沙发，人家不仅会告诉你这款沙发的材质、价格和风格，还会让你知道沙发是一个家庭最舒服的所在，家人欢聚、亲子陪伴、阅读观影等，都与沙发息息相关，所以哪里都可以省，唯独沙发不能省。有的销售人员还会调侃说："哥，万一您与您爱人一吵架，您爱人把卧室门一锁，您是不是只能睡沙发了呀？所以，床垫是为您爱人准备的，沙发才是男人的'最终归宿'啊！"

以上都是将观念植入产品的案例。

推荐话术：哥，您哪里都可以省，唯独××不能省，因为××代表了……

记住，您卖什么，就告诉客户什么不能省。卖门就说门不能省，因为中国人讲究"鲤鱼跳龙门"。卖珠宝就说珠宝不能省，因为珠宝是世界上唯一集六大功能为一体的理财产品。

不少企业之所以感觉自己的产品不好卖，就是因为没有将理念导入产品，大部分的产品在市场中既没有定位，又没有地位，客户在有充足选择的情况下，为什么一定要买你的产品呢？人们之所以愿意花几千元甚至是上万元买高端品牌产品，是因为这些产品代表了时尚与品质。

所以，不管卖什么产品，都要给产品导入文化理念，从物质层面上升到精神层面。你必须清楚自己的产品代表的是什么，是健康、成就、时尚、安全，还是荣誉。

客户需要产品带来的价值。我们与其不断地强调产品的品质，还不如在产品理念上体现出与众不同，"××山泉有点甜""白天吃白片不瞌睡，晚上吃黑片睡得香""怕上火就喝×××"，卖的都是产品理念。因为即使是相同的产品，只要我们导入不同的理念，也会产生不一样的效果。

2017年，在我服务某电动车品牌时，花了两天的时间总结了一套该电动车产品的标准化销售话术，其中罗列了客户买电动车必须要了解的五个观念。

卖手成交思维

观念一：电动车一般不是被撞坏的，大多是在停放时摔坏的，所以，中撑的好坏是电动车使用时间的关键所在（中撑是该品牌的卖点）。

观念二：电动车的电池一般不是用坏的，而是被充电器充坏的，所以，充电器才是核心竞争力（而非电池），而该品牌的充电器是有专利技术的（第七代智能充电器）。

观念三：很多电动车电池燃烧事故，其实不是电池出问题了，而是电池与电池之间的连接线发生松动而导致的短路所引起的（介绍虎牙电池连接线）。

观念四：买电动车，安全是第一位的，千万不要认为价格越便宜越好。电动车里有500个零部件，每个零部件降1元钱，整辆车就便宜500元了，但这是偷工减料，是以牺牲安全为代价的。

观念五：一定要到品牌专卖店购买电动车。因为这里的"水"很深，很多小店老板以低价进行销售，但是回头就偷偷地把电池等零部件调换了，看似占了便宜，其实暗藏着巨大的隐患，消费者很难发现。

所以，卖观念就是把产品开发的价值理念传达给客户，也就是产品是基于什么价值观而开发的。比如，环保理念、养生理念、健康睡眠理念等，而该品牌电动车是基于安全理念开发的。卖观念的目的是激发客户深层的购买欲望，即便对方当时不找你下单，也能勾起他对你的产品的购买欲望。客户的需求很难满足，但是一旦激起客户的购买欲望之后，他就会不由自主地追逐欲望，并为了满足欲望去购买你的产品。当然，激发客户购买需求的前提是你对客户的基本情况有所了解，比如，对方要给谁买、使用者大概是什么情况，这些都是一些基本的信息，你必须要有所了解，才能有的放矢。

结合需求讲产品，让客户感觉到有利可图

销售人员卖的是产品，因此，必须对产品了如指掌。而现实的情况是，很多销售人员并不是非常了解产品，甚至有 80% 的销售人员没有经过相关的培训就上岗卖货。缺乏精准的专业知识和术语，有时候介绍产品连自己都感觉没有底气，又怎么能打动客户呢？

不论是产品利益、消费者利益，还是情感利益，都需要说服力作为支撑。要知道，比利益更加重要的是你的这些利益从何而来，为什么会有这些利益，理由是什么。如果你的产品利益点缺乏充分支撑的话，那么消费者凭什么相信你能够为他们提供从消费者利益到情感利益的好处呢？

广告大师奥格威说：永远不要以为消费者是傻子，他比我们要聪明得多。商品摆在商店里，买不买是消费者的事。如果销售人员说得有道理，消费者就信你，如果说得牵强附会、于理不通，消费者就会毫不犹豫地走开。

所以，真正的高手都会结合消费者需求去讲产品，既突出产品的卖点，又让这个卖点与消费者的利益有关。

有一个关于产品的 USP 理论，主要有三点核心的产品推广思想。

（1）每一次宣传产品必须向消费者提供一个主张，让其明白购买你的产品可以获得什么利益；

（2）主张必须是独特的，是竞争对手没有的、做不到的，或者是竞争

卖手成交思维

对手有，但没有说出来的；

（3）主张必须是有销售力的，强有力地聚焦在一个点上，集中打动、感动消费者。

一句话，客户买的不是产品的普通卖点，而是对他有好处的利益点。

如果你只说产品的特点，证明的是产品好；如果你只说产品的优点，指的是比竞争对手的产品好；而利益点指的是产品对消费者好，对消费者有利益。在产品同质化竞争激烈的今天，如果能做到人无我有、与众不同的话，就不用再去讲产品的特点，可以多讲讲产品的优点，即它比同类产品好在哪里。

2022年，我给湖南长沙的某装饰公司以销售人员培训，他们手里有一批客户电话，但每次邀约客户的效果都不太好，新业主们都不来。

他们的邀请话术是：针对咱们小区户型利弊等相关问题，公司周末特举办一场家装咨询会，届时会有优秀设计师一对一为您提供参考意见，您看您什么时候方便参加呢？

这个话术虽然没有什么硬伤，但客户并没有在这个邀请里感觉能得到什么好处，所以几乎所有的客户都是敷衍一下就挂了电话。我给他们重新设计了话术，具体如下：

咱们小区户型有弊端，公司周末举办一场家装咨询会，优秀设计师抱团揣摩该项目户型一个月，将一对一免费为您提供参考意见，多一个想法多一条建议，多了解家装行情，都将是您满满的收获，每一分钟交流都是有价值的，不知您是上午或下午参加呢？

小小的话术调整，就能立即让业主们感受到参加装修咨询会是为了自己能得到好处。

所以，销售人员不要总是停留在卖货思维上，要拥有用户思维，以客户的需求为中心，只有满足了客户的利益，才能和客户产生一定的连接。

要以客户的情感和利益为出发点，用心帮助客户，只要让客户满意了，他就会一直在你这里消费。

如何提高产品客单价

客单价即每一个客户购买商品的平均金额，计算公式为：客单价＝销售额÷成交顾客数。客单价为什么如此重要呢？我们可以从销售漏斗的公式进行推导：成交总额＝流量×转化率×客单价×复购次数。

我们来做个假设，假设你现在正以 300 元的价格出售某产品，每月的销量约为 100 个，现在你的收入是 30000 元。但假设你将价格提高到 350 元，这个过程中也许有消费者因为涨价而离你远去，之后每个月只能销售 90 个，但收入仍然可达 31500 元，总营收数是提高的。

提高客单价的目的就是为了追求成交总额的提升，不要担心提高价格后购买量下降，而是要找到价格与购买量相乘得出的最佳平衡点。

我一直教别人如何卖高单价的货品，而不是卖低单价的货品，低单价的货品自然会有人买，但是你低，别人比你更低。而高单价的货品是需要设计整套话术的。有一次我去买话筒，那个销售人员就是用非常有智慧的话术把一个高单价的话筒卖给了我，而我竟然还觉得自己赚到了。

当时他们店里有 500 元的话筒和 800 元的话筒，店员跟我说："500 元的话筒是第四代话筒，与音响无线连接最佳效果是 15 米，如果超出 15 米的范围，那么话筒的音质就会下降，这样就会影响您的讲课效果。"我就是靠讲课吃饭的，影响了讲课质量肯定不行。销售人员看出了我的顾虑，

卖手成交思维

于是接着说:"不过我们还有一款第五代话筒,它与音箱连接的最佳效果是50米,您无论在讲台上如何走动,甚至在一个大型会议厅走动都不会影响讲课效果。"我一听,这个肯定要比上一个要好呀!然后销售又说,第五代的价格比第四代偏高一些,要800元。我当时根本没有感觉800元比500元贵,而是感觉800元的话筒比500元的话筒更值得买。就这么一个小小的对比话术,让销售人员卖得开心,我作为消费者买得开心,双赢。

所以,提高客单价并不会影响销售额,关键要看你会不会设计话术。我曾给两个企业就客单价的问题辅导过。其中一个是做化妆品营销的,他们主推一款面膜。对所有问有没有补水面膜的客户,销售都说有,然后以几十元的价格成交。但交易总额根本抵销不了门店的费用。而他们的老板觉得现在客户好不容易进店,稀缺得像黄金,怎么能够只买几十元的面膜就走呢?老板希望卖得更多一些。于是,我指点他们改了一下营销流程和思路,并且对他们的销售人员进行了培训。后来,同样进店买单品的客户,最终却买了很多。那么,销售人员是怎么说的呢?

客户问某品牌的面膜有没有的时候,销售开始反问:"冒昧地问一下,您想解决什么样的皮肤问题呢?"客户说:"我一直觉得皮肤很干,特别是在北方,我就想买一款爽肤水。"这个时候销售就说了:"咱们人正常情况下每天都在持续补水,但是用了爽肤水,皮肤还是觉得非常干,您知道为什么吗?"客户摇头,于是销售人员又说:"补水只是表面功夫,真正能让皮肤变好,还需要细胞有锁水的能力,第一步用爽肤水,先给我们的表皮进行补水,但补水是不够的,一定要进入到第二步,恢复皮脂膜,把进来的水锁住,不要让它流走。第三步修复真皮组织,这样能增加它的胶原蛋白和弹力纤维。第四步才到了我们的皮下组织,改善水油平衡,一旦细胞水油平衡了,那么就不会有缺水的状态了。所以,要想皮肤由内而外透出水嫩的感觉，一瓶爽肤水是不够的。可以再搭配一点乳液、精华和可以补充胶原蛋白的保健品。如果不想同时用很多产品，我们这里倒是有一款集补水、锁水和抚皱功能于一体的护肤品，只是价格要比爽肤水贵一些。不过总体来说，一款产品达到四个步骤的效果，还是很值的。"

用这种话术去引导客户，往往能够把那些客单价高的产品销售出去，而且不会让客户反感，还为客户解决了问题。客单价能力就是"能让用户买贵的东西的能力"，销售人员如果学会了正确的销售话术，再加上好的销售方式的运用，一般提高客单价不是什么难事。

提升客单价还有个很好用的方法，就是提升客户每次购买产品的数量。之前，我辅导了山东某奶茶品牌。辅导之前，他们平均每单卖出去的奶茶是1.2杯，后来我们帮助他们设计了一套销售话术，一个月后平均每单能卖出去1.6杯，且客单价也得到了提高。我们从四个角度进行话术设计。

（1）升级。"红豆布丁大杯可以吗，大杯会更划算！"

（2）搭配。"需要加一份牛奶烧仙草吗？烧仙草与红豆布丁是绝配，口感会更好。"（搭配的原则是"喝的＋吃的"）

（3）套餐。"这边有个套餐。（手掌向上指引）""这是我们的新品套餐，红柚大杯搭配红豆布丁立减5元，可以吗？（微笑）"

（4）促销。"小姐姐，现在第二杯半价哦，非常划算，要不要再来一杯？"

> 卖手成交思维

一定要让客户瞬间感受到卖点

销售人员想要把货品卖出去,介绍产品这一环节是必不可少的。如果能够生动地描述产品,就可以引发客户的购买欲望,但真正实现顺利成交还离不开让客户体验产品这一环节。介绍产品只是说给客户听,而让客户体验却是让客户亲自去试,也就是让客户去近距离地触摸、感知产品甚至还可以当场让客户亲身体验。客户通过体验才能更喜欢产品,而不需要销售人员费更多的口舌去说服客户。

记得十年前,当我给一家内蒙古的通信商授课时,他们的销售人员说每次牧民过来买手机,就喜欢耐摔的,因为他们天天要骑马。所以,销售人员就把手机拿出来,让牧民亲自将手机砸到地上,结果手机完好无损,牧民立刻就买了,这个手机的品牌名叫"诺基亚"。

每种产品都有自己的独特之处,所以,只有让客户亲自体验产品,让产品自己推销自己,客户才能真正感受到产品的价值,才能认可、信赖产品。同时,销售人员也可以抓住这个机会,找到客户的需求,及时地把产品的"卖点"推出去。

2018年,在服务佛山某瓷砖品牌时,我们发现瓷砖行业同质化严重,终端销售没有任何的差异化,销售人员的说辞千篇一律。于是,我们在与瓷砖公司讨论后,提出了"瓷砖好不好,磨磨就知道"的口号。在介绍该品牌瓷砖的卖点之前,我们邀请客户参加瓷砖磨磨大赛,如果用工具磨出一条划痕，我们现场奖励100元。结果，没有一位客户能磨出一条划痕来，这说明了该品牌瓷砖具有优良的耐磨性，更重要的是客户通过参加磨一磨活动，充分体验到了该品牌瓷砖的耐磨优点，这比销售人员介绍100遍都强。这句口号与磨磨大赛也迅速帮助该品牌瓷砖脱颖而出，销量连年递增。

在我们的日常生活中，亲身体验的销售技巧也得到了广泛应用。比如，买饮料、食品时，销售人员让客户试尝；买衣服时，销售人员让客户试穿；买车时，销售人员让客户试驾等。通过让客户亲自试吃、试穿、试用，使客户直观地得到产品的第一手信息，引导客户主动参与销售，鼓励和引导客户发表意见，让其直接体会商品的效用、优点及特性，能更好地展示商品的效果。客户只有亲身感觉到商品的好处，认识到商品的确能够给自己带来利益，体验到商品给生活带来的便利与享受，才会乐意购买此商品。

所以，我经常在课堂上说一句话，要想真正赢得客户，我们必须做到"能动手的绝对不动口"，我们不是销售空调，而是销售那种在夏季打开空调时清爽怡人的感觉。

如何让客户心甘情愿地去体验也是有学问的。有的销售人员太过热情，巴不得让客户马上体验产品，于是就会表现出心急的状态，会对客户说："觉得好就试试吧！""既然喜欢就试试吧！"其实，这是一种不太友好的说法，客户听到这里往往会退缩。因为他们感觉到了潜在的威胁，"好""喜欢"这类词给客户造成了试过以后就得买的压力，如果试了后自己拒绝不了怎么办？这样一想，客户往往不会去冒这种试了后拒绝不了的风险。

所以，想让客户愉快地去体验产品，必须要让客户没有心理负担。

推荐话术：姐，买不买没关系的，试试，感受一下。

卖手成交思维

2022年，我们在南京服务某新能源汽车品牌销售团队时，要求销售人员每次向客户介绍完新能源汽车的性能、款式和人机互动系统以后，要千方百计地让每个客户去体验新车的感觉。销售人员会通过各种方式邀请客户过来试驾，要他们试试那种通过该品牌独特的人机互动系统自由掌控的感觉，这样他们就会产生一种占有的欲望，希望能尽快购买。我们还要求让试驾的客户谈谈驾车时的感觉，比如有了新能源汽车就再也不用担心油费贵，想去哪里就去哪里的感觉，有了新车可以更好地享受辅助驾驶的感觉。客户一旦成功试驾并体验了新车的各种功能之后，往往会被新能源汽车的优良性能与良好的人机互动体验所深深吸引，一半的客户都会成交。

那么，如何让客户积极参与到产品的体验中呢？

（1）所售卖的产品本身要有吸引力，要能够引起客户想要去体验的兴趣，不然的话，客户是不会接近的。如果是没有特色的商品，一般没必要采用这种方式。一句话，真金不怕火炼，好产品不怕试验。

（2）产品是有形的实物，如汽车、化妆品、食品、生活用品等，这样客户才能在试用中产生真实感受。如果是无形的产品或服务，是无法使用这种试验的。比如，旅游服务、保险等就不适用。

（3）产品本身质量过硬，经得起客户的反复接触，不容易损坏或变质。如瓷砖，平时要准备好样品，并注意加以保养，以免客户在操作体验时出毛病，影响演示效果。

（4）想让客户体验也是需要话术的。比如，销售人员在做产品介绍时，可以用问题结束每一次产品描述，如刚刚介绍完一款电器的品质，就可以问客户："您对这款产品的质量感觉如何？""您最喜欢的产品型号是哪一个？"不用停顿太久就可以转到下一个要点，停顿久了客户会分散心思，产生其他想法。向客户询问的形式可以让销售人员更好地引导客户，让其最终做出购买的决定。

（5）给客户创造体验产品的机会。销售人员完全没必要不舍得让客户使用自己的产品，因为客户只有亲眼看到效果，亲身感受到产品的好处，才能乐意购买产品。另外，销售人员要有欣赏自己产品的态度。这样既可以取得理想的展示效果，又能让客户对产品有信心。特别是在客户犹豫的时候，必须坚持自己的建议是最佳选择，并建议客户再次体验产品，因为再次体验可以让客户对产品的某项认可更为坚定。

用FABE销售法则塑造产品价值

什么叫 FABE 法则？F（Features）指产品的特性，一般用数据来说明的都是 F。A（Advantages）指的是产品的优点，优点相对应的就是缺点，意思是你的产品比别人的好在哪里？B（Benefits）也叫利益，就是要给人带来什么样的好处。E（Evidence）代表见证，就是要看看什么样的客户买过你们家的产品。那 FABE 法则具体怎么用呢？

F，产品的特性。产品特性是产品自身构造所形成的特色，一般指产品的外形、质量、功能、商标和包装等，它能反映产品对客户的吸引力以及企业的创新能力，其主要的特征是"量词+名词"。比如，24小时营业健身房，7个安全气囊，5100毫安电池容量，5mm虎牙电池连接线，1200℃高温煅烧，30000吨成型压力，6~7级耐刮耐磨，3D高清喷墨。当我说出这些产品特性的时候，你会发现大多数都是企业的创新成果，但是普通消费者根本听不懂，而很多企业就是把这些由研发人员编写的产品手册给到终端销售人员，怪不得客户听完扭头就走，因为客户听不懂，会觉得这些特性与自己没有任何的关系。所以，我们做话术的目的就是把产品与客户之间的关联点找到，从物过渡到人身上，为人产生价值。

A，产品的优点。即人无我有、人有我优。你必须比同质化产品更具优势，这才能突出你的优点。比如，24小时营业的健身房的优点就是营业时间长；7个安全气囊的优点就是多增加了2个侧后方安全气囊；5mm虎牙连接线的优点就是耐磨，不容易短路。所以，优点往往是与竞争对手做对比而得到的结论。

B，产品给人带来的益处，也就是产品能给人带来什么改变。销售人员在向客户介绍产品时，仅仅说明和示范产品的特性是不够的，还要从客户的角度出发，根据客户的需求，找出客户想知道的关键点。而这个关键点就是用上你的产品之后，可以给客户带来什么样的改变。销售人员把握了客户所需要的关键点，然后将其作为产品优势来说服客户，这样客户才有可能购买。比如，有家健身房在向我推销健康卡的时候，他最初说了该健身房的面积有3000平方米这个外在特征（F），接着说它是当地最大的健身房，这是它的优点（A）。最后打动我的却是来这家健身房锻炼的话，从来不用预约，也不需要排队，浴室内还20个空位随时都可使用，这些就是它能带给我的好处与改变（B）。

所以，B好处是在讲人，A特性是在讲物。客户不关心物，关心的是产品给人带来的改变。所以，你说床垫是第四代智能床垫，优点是可以根据人体生理曲线进行智能调节床垫高度，我听着没有感觉。但是，你说可以缓解我的腰肌劳损，让我第二天精神百倍地去讲课，我听着就很有感觉。所有的客户都希望用上产品后，能给他的工作或生活带来改变。所以，企业在设计自己产品销售话术时，一定要将"改变"放在核心位置，记住，客户购买的不是产品，购买的是"改变"。

E见证。大家都说好才是真的好。实际上"客户见证"大家都在做，我无论给哪个企业做辅导，都会告诉他们要把客户见证作为一件重要的事情来做。客户见证的形式可以是文字、视频、图片、语音，如果是视频的形式肯定是最好的。销售人员拿着产品，一边介绍一边讲使用的好处和效果，多收集和准备这样的客户见证，无论是合作伙伴还是消费者看到了会更有购买的欲望。之所以我会选择在那家办健康身卡，就是因为他们给我带来了客户见证的机会，比如，办卡的会员展示等。他们还说由于赶上"双十一"活动，我可以享受打折优惠，而且在我之前他们已经有30多个客户成功开卡了。这就是客户见证。但是很多销售人员并不会熟练地掌握"客户见证"的用法。

去年，我辅导了总部位于长沙的某女子减肥连锁品牌。我去拜访了三家门店，发现每家门店都挂有客户送来的锦旗，上面的内容有的是减肥成功10公斤，有的是减肥成功25公斤，但是锦旗已经在那里挂了三年，却从来没有一位销售人员指着锦旗对客户说："我们店的产品减肥效果很好，您看这个是之前的客户因为成功减重25公斤给我们送来的锦旗，以表示感谢。"锦旗就是最好的客户见证，但是因为我们的销售人员从来不说，所以客户也不知道。我要求他们的销售人员重新设计客户进店后的每一句话术并与各种道具相结合，把公司所有的卖点向客户介绍到位。

所以，FABE法则能真正凸显产品价值。然而，很多企业只做了F与A，忘记了B与E。如果能做好介绍产品特性、优点、给客户的利益改变以及最后的客户见证，那就能够提升产品的卖点，实现从物到人的过渡，最后完成成交。

如何凸显产品卖点

所谓产品卖点，是指销售人员向客户传播的一种消费主张、一种承诺。一个好的产品卖点能够引起客户的强烈共鸣并激发他们对产品产生关注和好感，从而产生购买行为。那么，如何突出产品卖点呢？

销售人员要永远记住的是，好吃、好喝、好玩永远不是商品的卖点，商品的卖点是"名词＋数量词"。我们曾经辅导一家卖汽车的企业，这家企业就是靠"名词＋数量词"的卖点取胜的，他们主推汽车有7个安全气囊。安全气囊是名词，7个是量词。

他们向客户介绍汽车时的销售话术是这样的："您好，大部分汽车只有5个安全气囊，因为司机和副驾坐在前排，老人小孩都坐在后排，5个安全气囊主要都集中在前排，而忽略了后排。一旦出现交通事故，后排如果没有安全气囊的话，后果将不堪设想。"客户听到这里，一般心里都会不自觉地"紧"一下，因为谁都不希望家人有危险。这时，销售人员会接着说："关于安全气囊的数量问题，在我们家就不是个事儿了，我们今年新出了一款车，它最大的优点和卖点是在后排安放了2个安全气囊，一共加在一起就是7个，别人家只有5个。您看，老人跟小孩坐在后排，万一出现安全事故，我们后排这2个安全气囊能保证他们的生命安全。当然，它的价格会比一般的车稍微贵一点，但是我认为这钱花得值，为了小孩跟老人着想，我们就应该买这种更安全的车。"

车作为代步工具，人们对它的追求永远是安全第一。所以，当客户听到有7个安全气囊的车时，一般在同性价比的情况下会优先考虑这辆更安全的车。

销售人员简单的几句话，既把安全气囊介绍了，同时也给了客户利益点，那就是能保证家里的老人和小孩的安全。卖点在讲车，好处在讲人，回到这个产品的人身上，所以7个安全气囊把所有的问题全部解决了，这才是产品的卖点。

除了介绍产品时利用有效的话术之外，还有其他几点能够突出产品的卖点。

1. 卖点从多个角度切入

在介绍一款产品时，如何显得你比较专业呢？可以从不同的角度进行切入，我将其称之为"切割法"。我们以一款"焦糖血糯米"奶茶为例，看看销售人员是如何从推荐理由、原料、口感、好处、营养价值五个角度进行介绍的。

"您可以尝一下我们家的网红爆品（理由）焦糖血糯米，里面有满满的血糯米（原料），入口香甜，软糯可口（口感），喝了会感觉很舒服（好处），而且血糯米含有丰富的维生素E和钙，可以暖胃降血糖（营养价值）"。

接下来，我们再看如何用切割法从三个角度介绍一款粥。

"膏蟹虾粥是潮汕名粥，为什么说它是名粥呢？因为蟹膏与粥的融合是粥中极品，膏蟹被称为海中黄金，含有丰富的胶原蛋白（营养价值）。而我们这款粥用到的蟹是进口膏蟹（食材），生米现煲20分钟以上，全程经过99次人工搅拌（工艺）。"

我们再看如何用切割法从7个角度介绍一件印花衬衫，这句话术是学员在听了我的课程之后，用了不到三分钟的时间写出来的。

"我们品牌设计师的灵感来自于今年巴黎时装周衬衫专场（流行趋势）。这款衬衫用的是日本进口的纯植物面料，舒适柔软，而且不易起皱，特好打理（面料）。线型剪裁设计更贴合您的曲线，能勾勒出您完美的身材比例，姐，您这身材太完美了，穿上去多好看啊（剪裁）。而且姐您在外企上班，衬衫肯定是必不可少的（搭配）。这款衬衫在制作上还有很多亮点，领子是立体印花的，翻出来配您的小西装，优雅又显俏皮。袖口上的纽扣设计也有别于其他衬衫，肯定能满足您追求个性又大方的要求（细节）。这款衬衫性价比高，买回去穿上几个季度绝对没有问题（价格）。最重要的一点，姐，这款衬衫是我们家限量款，老板自己也留了一件，所以您这次真是太幸运了（推荐理由）。

2. 围绕好处展开话术

一般来讲，产品的卖点都离不开省钱、方便、安全这几个方面。销售人员要根据不同的客户采用不同的说明方法，具体举例如下。

"这个产品采用最先进的技术，对于您的企业来说，肯定会带来巨大的收益。"

"您平时这么忙，这个产品使用方法简单，易操作，便捷，肯定能给您节约大量时间。"

"这个产品能体现出您对家人的关心和爱护。"

"一看您就是个注重品位的人，这款产品的设计非常与众不同，能体现您的超凡品位。"

当然，无论话术怎么设计，前提都要建立在客户的实际需求上。如果提出的产品卖点不符合客户需要，或者客户本身并不打算花太多的钱买产品，还是推荐符合客户购买力和身份的产品更容易促成成交。

3. 强化自己产品卖点

当客户说出自己的购买需求和条件时，销售人员要将自己的产品与客户理想中的产品对比，告诉客户自己的产品哪些是符合客户预期的，哪些是不容易实现的。销售人员可以通过强化产品的卖点与优势，对客户发动攻势，比如"您提出的产品质量和售后服务要求，我公司都可以满足您。一方面，我公司的产品特点在于……；另一方面，我公司还为客户提供了各种各样的服务项目，如……"。在强化产品优势时，必须要确保自己的产品介绍是实事求是的，并且要表现出沉稳、自信和真诚的态度。

赠送小礼物能起大作用

"礼多人不怪"，这是流传很久的一句俗语，如今，这句话用在销售商品上更有十分实用的效果。

因为人的感情具有物化性，仅用话语来表达你对客户的关心和友谊不太实际。即仅凭一张嘴是无法建立友好关系的，还要有物质上的交流。这就需要你运用一些小礼品来增进和客户的关系。

一对年轻的夫妇在一家新开的商城闲逛，促销员小王远远地就注意到他们在看一款特价电磁炉，不知道为何没买。当他们走到小王的柜台时，那位年轻的女士说"这款也不错"，小王立马就说："对的，您可以了解一下它，不用看其他方面，先看一下咱们家的赠品您就知道了，就是这个黄色的铁搪瓷烫锅，没有一个牌子的电磁炉，会赠送给您的，您知道是为什么吗？因为他们的电磁炉受热不均匀，用不了多久，铁搪瓷就会掉瓷。咱家的电磁炉就不一样，传热均匀，可以放心地来使用，里边还含有铁元素，对身体特别好，价格也不贵，才399元，还有原装的价值300多元的原装汤锅、炒锅送给您,您可以买一台,非常的实惠。"男士转头悄悄地问女士:"咱们就要这款吧。"女士也欣然同意了,于是双方就顺利地达成了交易。

这个销售案例中,小赠送起到了大作用。

2019年我买了一套房,要选择一家装饰公司装修,当时我对比了三家装饰公司,最后选择了××装饰。为什么选择他家呢?除了他家是一家著名的整装公司,可以节省我大量的时间之外,更加重要的是,他家当时的活动是只要选择了B方案(15万元),公司就赠送我一套德国品牌的烟机与灶具,以及一张美国品牌的床垫。我想,烟机灶具和床垫我肯定是要买的,而且这两个品牌都是国际大品牌,买到就是赚到,所以我果断地选择了与他家合作。

客户在选产品的时候,大多数人不是盲选就是凭感觉选,甚至是没有预算和打算,偶然间就买了某一件东西。目前市面上同质化的产品太多了,令人眼花缭乱,客户感觉好就会买。客户因为得到商家的赠送而觉得占到了便宜,所以就会成交。

促销活动要有足够的吸引力,以便鼓励消费者参与。卖家要开发有新意的活动,同时要有一个好的主题,主题是促销活动的灵魂及旗帜,要让消费者感到参与促销活动有趣味、有意义。如果仅仅是给出某些常规性的优惠及奖励,消费者不一定会有热情及兴趣参与。

比如,有的商家经常用"打一折"让利的方法来促销,这也是赠送的一种形式。很多人会觉得荒谬,甚至在猜测商家是不是傻了。但是,这个看似很傻的营销手段,却一度创造了营销奇迹。首创"打一折"营销方法的是日本的一家银座绅士西装店,他们当时销售的商品是"日本GOOD"。他们的销售计划如下。

第一天九折,第二天八折,第三天、第四天七折,第五天、第六天六折，第七天、第八天五折……第十五天、第十六天一折。

按常理来说，消费者最明智的选择就是在最后两天来购买商品。但是，商家的预测是：看似要亏本的销售策略会引人注意，且能加大前期的舆论宣传效果。抱着猎奇的心态，客户将蜂拥而至。当然，客户可以在打折销售期间随意选定购物的日子，如果你想要以最便宜的价钱购买，那么你在最后的那两天去买就行了，但是，你想买的东西不一定会留到最后那两天。

实际状况是，第一天，前来的客户并不多，来的客人多半是看了一会儿就走了。从第三天起，客户就多了起来。到第五天六折时，客户就像洪水般涌来开始抢购。以后数日，客人都爆满。等不到一折，商品就全部卖完了。

商家最后亏本了吗？当然没有。为了避免喜爱的物品被抢购一空，在到了比预期价格更低的时候，客户就会选择购买，而这个价格让商家也获得了预期的利润和大量的销售额。

这就是一种创意促销，表面上客户以为自己占到了便宜，实际上是商家赚翻了。

常见的赠送促销方式有以下两种。

1. 给客户赠送小礼品

当客户自认为已经花了最少的钱买到了最便宜的产品后，此时客户在心里会这样想："自己太厉害了，花了这么少的钱，居然还能说服销售人员赠送礼品给自己。"如果你能让客户真的这样想，那么成交就是板上钉钉的事情了。这里要注意的是，就算赠品是公司免费送给客户的，你也要让客户觉得送他礼品完全就是因为有人情在。比如，客户购物单正好是一万元，你可以说："这件礼品是必须买够两万元才能送的。"这个时候一定要表现出自己真的不能做决定，如果客户说："你不赠送，我就不买。"

到这个程度就差不多了。你可以说:"那实在不行的话,我以个人的名义送给您,我再交一个礼品的钱。"记得要"开票",为的就是让客户知道是你买来送给他的。

2. 给客户打折

如果店铺门口旁写着"大减价""大促销",这种标语足以引起客户的注意,而且这种方法更能激发客户购买的欲望。如果换成是你,你心里会怎么想?是不是觉得有必要进去看一看?送赠品也不能太盲目,要讲究一些原则。

在不增加太大成本的原则上给客户惊喜。我们给客户赠品,一定是希望用户能感到一些惊喜,既然要惊喜,那对客户来说这个赠品就一定存在比较高的价值,不管是心理上的,还是实际上的。在让客户收到小惊喜的同时,我们也需要考虑产品成本。赠品的实际成本一般是比较低的,至少明显低于客户正常获取该赠品产品的价格。比如,我们打算赠送客户一把天堂伞,通过大批量合作采购,成本仅需50元,而客户正常在店里购买需要花费100元。这对客户来说,感知价值就比较高;而对公司来说,实际新增成本则比较低。

2022年,我服务了郑州某全屋定制品牌,当时他们的董事长给我讲了一个故事。三天前,他收到了某品牌床垫寄来的一份礼品,是一条毛巾,然后非常感动。我问:"一条毛巾,为什么会那么感动呢?"她说,床垫是在六年前购买的,这六年里他们每年都会寄送礼品过来,说明他们从来没有忘记老客户。她自己也是做家居行业的,但是从来没有重视过老客户,也没有给老客户送过任何礼物。后来,我给她提了一个建议,公司每年拿出收入的2%来回馈老客户是正常的,因为老客户有购买力,对品牌有信任感,如果维护好老客户,那么无论是复购还是转介绍都是公司的一笔宝贵财富。

吹嘘产品是最没底气的行为

我们在做销售工作时,不要总是把产品吹嘘得很好,因为这样不见得对方就会相信。在面对客户的时候,一味吹嘘不如脚踏实地,不如把自己产品的不足巧妙地说出来,反而更能赢得客户的信任。因为过分吹嘘往往会让客户感觉到你不实在,从而心生反感和不信任。哪怕你的产品确实有独特之处,一旦让客户感觉到你在吹嘘,就会放弃与你的合作,特别是做美业、保健品、保险等行业,销售人员要避免夸大其词。

所以,销售冠军不一定是口若悬河的人,而是善于表达真诚的人。当你用得体的语言表达出真诚时,就赢得了对方的信任,在彼此间建立了信赖关系,对方会由信赖你这个人而信任你说的话,进而喜欢上你的产品。比如,我们之前服务的某养发品牌的客户群体都是"有钱、有闲、有保养意识"的人,这种客户在消费方面可谓"身经百战",各种各样的销售人员都接触过,销售人员说"吹嘘"的话,很快就会被客户识破。随着互联网的普及,以及90后、00后消费群体的崛起,大多数人的购物习惯已经发生了改变,原来是在门店里体验比较多,现在都是在互联网上查阅攻略后再过来消费的,问的问题比我们做销售的都要专业。最近,我在服务天津某暖气片公司时,他们的经销商普遍反映,现在的客户都很精明,在网上已经把产品的卖点和价格等信息查得清清楚楚了,进店后更是一边问一边做笔记,作为销售人员真的不敢作假。

卖手成交思维

可以说，销售过程虽然需要"老王卖瓜，自卖自夸"，努力宣扬产品的好处，但在介绍产品的实质性功能方面，一定要客观，要给客户一种实事求是的感觉。所以，销售人员要对自己的产品和经营状况了如指掌，清楚自己提供给对方的产品是如何成为对方所需要的而又不是言过其实的，并要把这些具体的数字或可信的依据清晰地摆出来，这样就容易打动客户了。

之前我们辅导了哈尔滨的一家家具制造企业，他们家主要生产和销售折叠式餐桌椅。每次有餐厅负责人来订购的时候，他们都会把这种不占地方、可折叠的桌椅说得天花乱坠，销量倒也可观，但用户在后期使用过程中发现这种折叠桌椅存在一定的问题，时有退货现象发生。有个销售人员一直觉得公司过分夸大折叠式餐桌椅的功能而没有如实告知客户产品存在的缺陷，他认为这种行为很不好，并为此心存压力。直到有一天，有个客户来选购餐桌，这位销售人员鼓起勇气说了实话，他说："这些餐桌椅的质量倒是过关，只是弹簧设计得不太合理，导致在折叠的时候非常费力。所以，如果每天来回折叠，工作量可不小。"客户听后，就感兴趣地说："是这样啊，我看到处都是这样的折叠桌椅，觉得挺实用的。"

销售人员接着说："这个餐桌椅款式好，质量也不错，但结构有缺陷，我不能跟您隐瞒它的问题，那等于是在欺骗您。"

"是结构有毛病？"客户追问了一句。

"是的。它的结构过于复杂，过于精巧，结果用起来反倒不够简便。"销售人员说。

客户又前后左右地看了很久，最后没有买，但他很感谢销售人员的真诚，于是记下销售人员的电话号码就走了。

这个销售人员因为讲了真话导致产品没有卖出去，被老板训骂了一顿，并且还扣了两个月的业绩奖金。

过了三五天，店里来了位开山庄酒店的客户，直接点名找这位销售人员，订购50套餐桌椅，并且强调说是由朋友介绍来的，正是前几天销售人员接待的那位客户介绍的。这个销售人员因为自己的真诚，不仅没有吹嘘自己的产品，还说出了产品的缺陷，虽然丢了一个小单子却为公司得来了一笔大买卖。后来老板知道了这件事，不但没有扣这位销售人员的奖金，而且还给他额外又多发了两个月的奖金，把他如实介绍商品的做法称为更有智慧的售货风格并且在全公司进行推广。

所以，当我们面对客户的疑问时，真实回答客户的疑问，既可以满足客户的需求，又能够使得销售成功。

第六章
客户的兴趣点,才是你的卖点

> 卖手成交思维

以人为本的销售才能走得长远

销售的本质是什么？有人认为销售的本质就是把产品卖出去，正是有了这种思维的存在，才误导了很多人。当有客户来到你的公司，你第一时间就开始介绍产品，客户听完以后说："我再到别人家看一看。"然后他扭头就走了。导致这种情况出现的原因是什么？是你没有懂得销售的本质，你认为销售的本质就是把产品卖出去。这句话只是说对了一半，销售产品虽然是终极目标，但在销售的过程中，你一定要告诉自己"我不是卖产品的，我是帮助客户解决问题的"。有问题的是产品，还是人？是人。所以，产品一定要回到人身上，要看具体能解决人的什么问题。因此，真正的销售只有以人为本才能走得长远。

销售的出发点和关注点不是谁买了我们的产品、谁没买我们的产品，谁认可我们产品、谁不认可我们的产品，销售的出发点应该是人，是如何用心去服务客户、帮助客户。如果总把心思放在产品上，就会忽略人，会失去了与人的连接，这样一来，即使是再好的产品也没有了存在的意义。

在为某全屋互联品牌经销商做模拟演练时，我用一个"家里空间小，没有别墅，只有一个地下室空着，无法做家庭影院"的理由来拒绝销售人员。结果一个不太专业的销售人员跟我讲，家庭影院一般都是在别墅里做，如果地下室做家庭影院，需要配备好的音响，他们公司的音响绝对可以担负起地下室家庭影院的观影效果。虽然这个介绍听上去并没有什么硬

第六章 客户的兴趣点，才是你的卖点

伤，但却不能打动我，因为我认为他只是在宣传他家的音响，并没有站在我的立场上去解决我的问题。后来换了一个销售人员，他先问我的职业，然后就开始对我实施了"以人为本"的销售。他说："刘老师，像您平时总是出差，根本没有时间去娱乐，也没有时间带家人去电影院，我们公司专门为您这样的商务人士量身定制了一套家庭影院，无论哪种场景、无论室内空间大小，我们家的音响都能呈现非常好的效果。如果您拥有了这一套家庭影院，那就再也不用去电影院了，这可以为您省下很多的时间，最关键的是您白天讲课很辛苦，晚上回到家只要点开看着自己喜欢的电影，疲惫的身心就得到了安抚，您就有更多的时间和精力去赚钱了。"很明显，第二位销售人员较前一位已经有了非常大的进步，他是在关心"人"的基础上去介绍产品，这就是一种以人为本的销售策略。

我在给不少企业讲课的时候，常有企业家或营销界的朋友提出这样的问题："我的产品非常好，在这点或那点上是全国首创、唯一、最好的。放眼全球，几乎没有竞争对手。但是让我苦恼的是，客户不能理解我的产品好在哪里。请你指导我一下，我如何才能让用户真正理解我的产品是最好的？"

我想，这是很多商家经常会犯的"通病"。产品就像自己的孩子，自己怎么看怎么顺眼，哪怕客户并不买账，也总认为是客户"有眼不识金镶玉"。我们一旦陷入"自己产品就是好"的自我催眠中，就不太可能做到"以人为本"。只有时刻检视自己的服务或产品是不是还不够好，是不是还有更大的进步余地和上升空间，是不是可以为了服务客户将自己的服务或产品提升到更好的时候，才能真正做到用心服务客户。

下面两个案例，分别是我服务过的电动车与床垫品牌。让我们看一看销售人员通过话术，如何从产品上升到对人的关心上。

A：姐，您有没有发现一个问题，上海的下雨天特别多，这段时间还是

梅雨季，在雨天的时候，突然刹车，车轮很容易打滑，刹车的距离也会加大，如果这个问题不解决的话，在雨天骑行就会特别的不安全，如果再带个小孩的话，那就更加危险了啊。刚好，我们公司新推出了一款旗舰车，带有联动陶瓷刹车技术，我觉得特别适合您，我帮您介绍一下吧……这样的话，您骑车接送小孩也放心多了，小孩子也不会经常迟到了，做妈妈的心情也好多了。

B：姐，咱们以前冬天睡觉，加上暖气和被子，晚上不自觉地会变换睡姿，掀被子，导致深度睡眠中断，如果是睡在有152年历史的××床垫上就不会。因为这款床垫在垫层上做了升级，里面添加了一层凉感凝胶混合记忆棉，这个记忆棉的品质是目前最好的。一般市面上记忆棉的纯度都在40%，我们的床垫用的记忆棉的纯度达到80%以上，可以更好地贴合身形释放压力，再将凝胶均匀地融入记忆棉中，保证我们在睡觉的时候床垫的温度是均匀的，能起到温度调节的功效，维持理想睡眠温度，冬天不会发冷，夏天不会闷热，让您安心睡眠一整晚。

看完这两个案例，如果你是客户，会有什么感觉？其实，这就是"以人为本"的销售。而所有的这些以人为本的销售不是自然发生的，是被策划出来的。时刻谨记，我们是做"人"的生意，一定要多在"人"的身上下功夫，看看"人"有哪些痛点问题没有被解决，而不要只盯着自己的产品。只有足够了解"人"，才能与他们建立连接，赢得信任，最后达成成交并建立长久的人际关系，使之成为我们的忠实客户，回头客户还要向我们说一声：谢谢。

另外，我们只有对自己的客户了解得越多，才能越有办法去帮助他们，因为销售人员的一切工作都是为了帮助客户解决问题，为客户服务好了，客户对我们产生了信任，成交自然就来了。

如何赢得用户的忠诚度与转介绍

老客户带来的新客户一般基于熟人关系，耗时少、成功率高、成本低，但不是所有的老客户都会给你介绍新客户。做销售工作的人都知道，转介绍是获客的一种好方法，能否做到让客户心甘情愿地帮我们做转介绍，关系到我们未来销售业绩能否迅速提升。然而，很多销售团队在如何做好转介绍的问题上始终觉得很头疼。

想开店并能很好地经营下去，第一离不开客源，第二离不开老客户介绍新客户。想要实现老带新，你的产品和服务必须让他们感到非常满意，他们才会重复购买并介绍别人来购买。只要客户觉得产品好，他们不仅会自己用，还会主动推荐给自己的朋友用，如果一家店能建立起客户的忠诚度，那么潜在客户会越来越多，店面人气也将会越来越旺。

营销通常讲"不要回头货，只要回头客"。用户的忠诚度，能为企业降低成本、增加利润创造条件。想让老客户转介绍，你首先要得到老用户的忠诚度。

那么，用户的忠诚度都来自哪几个方面呢？

1. 因为没有选择而忠诚

即客户没有选择的余地。比如，国家电网为国内的千家万户供电。

2. 习惯性忠诚

比如，有的人使用中国移动的号码时间长了，不管是不是省钱，都不爱更换其他的通信服务商，这就是一种因惰性造成的习惯性忠诚。所以，每家移动通信商都是在办卡的时候主动让利，经常是"0"元办卡，而且在第一年还时不时地赠送大量的免费流量，目的就是培养你的消费习惯。

3. 利益带来的忠诚

这种忠诚源于企业不断地给客户以利益刺激。比如，同样两家企业A和B，产品质量差不多，服务水平也大概相等，而你是A企业的会员。在A企业消费的时候你觉得会员价更便宜，一旦某天发现B企业的价格更诱人，你就会弃A选B。再比如，我们经常出差的人都知道，如果你是某航空公司的白金或钻石会员，会享受到不同级别的待遇，你会因此变成这家公司的使用者，这都属于利益带来的忠诚。

4. 体验带来的忠诚

这个很好理解。客户使用一款产品发现既安全又好用，而且性价比还非常高，这样一来就会喜欢上这款产品，变成"死忠粉"。比如，某些电子产品品牌的发烧友，他们即便觉得这些品牌的电子产品价格昂贵，但因为使用体验好，就顺理成章地变成了这些品牌的忠实拥护人员。

5. 认同带来的忠诚

拥有这种忠诚的用户一般受个人价值观驱使，一旦形成认同感很难做出改变或被撼动。比如，很多奢侈品牌的客户就属于此类，认同带来的忠诚有很强的跟风性和稳定性。这是人的社会属性的根基。所以这种忠诚是企业能够做到的最高境界，并且影响深远。

在实践中，我们如何去提升客户的忠诚度呢？最有效的方法就是给予用户惊喜。我将心理学的理论与营销实践相结合，得出了这样一个公式：客户对某个品牌或产品的预期 + 现实 = 失望 / 满意 / 惊喜。

商家对客户的承诺如果高过现实情况，即不能完全兑现承诺，那就会使客户失望，由此引起的后果是客户离开该品牌，且80%的客户可能不会再回头；当商家的宣传承诺能够兑现，则会换来客户的满意。让客户满意是绝大多数品牌可以做到的，但正因如此，所以并不能换来客户的高度忠诚；只有那些完全兑现了承诺，并多给客户一些承诺之外的利益，才会给客户创造出惊喜的消费体验，使客户心甘情愿地回报给品牌绝对的忠诚，这种忠诚可以抵消部分的价格因素，甚至可以原谅品牌所犯下的一些过错，因为毕竟能够给客户带来惊喜的品牌并不多，所以客户会对品牌充满希望，并会期待着下一个惊喜。

很多人都知道餐饮界中有一个口碑非常好的小火锅连锁公司，消费者忠诚度高。为什么呢？因为他的服务做得好。

我印象最深的就是去他家的洗手间。洗手间有人递毛巾其实是个常规性服务。但是他家没有安排小姑娘或小伙子在那里递毛巾，而是安排一些年纪大的老爷爷或老太太，当他们一脸慈祥地把热毛巾递给你的时候，这种温暖的感觉是不言而喻的。他家以此来给消费者创造惊喜。

想要获得客户对自己品牌的忠诚度，最好的办法，就是超出客户的预期，让客户购买到的不只有惊喜，还有价值。这就像谈恋爱，女朋友感冒了，打电话向本应正在开会的你诉苦，本指望花几分钟诉诉苦稍微缓解一下郁闷的心情，却看到你拎着她最喜欢吃的皮蛋粥，带着感冒药出现在自家门口。女朋友当然会喜出望外，这种经历特别难忘。因为她对你的预期只是听到几句安慰的话，而你却直接抛下手头工作，给予她真实的温暖和贴心的关怀。

怎样去维护老客户呢？

1. 重视老客户

维护一个老客户带来的利润会超过十个新客户。公司应要给予老客户更多的关注，比如提供优先接线服务等；请他们对新产品提供意见或建议；为他们提供优先购买权；提供额外惊喜，比如供应缺货款式等。通过这些操作，你会拥有更多的忠诚客户，而不是一味地投资然后漫无目的地等待新客户来访。

2. 重视客户的负面反馈并做出改进

老客户的评价就是自己的真实感受，有一些细节是作为卖家的你所无法体会到的，要根据他们的想法对服务或是产品做出改进。客户会因此感受到你的用心，从而增加对你的好感。此外，你可以向这些客户发送微信与短信，感谢他们的建议。

3. 好好利用好评

当你得到客户好评的时候，除了开心，你还有一系列的事情要做。一方面，将好评截图发布到朋友圈或抖音平台上，作为证明，激励其他客户。你可能觉得这些步骤是在吸引潜在客户，与老客户维护没关系。事实上，人们都希望被重视，哪怕只是在社交媒体上小红一天。

另一方面，我们要经常在微信上问问老客户使用产品后的感受。如果有老客户很满意，而且是用文字回复的，记得要截图发布到朋友圈或是赶紧发给未成交的客户。

4. 了解和适应客户的购买周期

商家可能希望客户每个月都能到店里来购物，但事实上客户的购买行为也是有周期性的。你可以定时向客户发送微信，分享一些与品牌有关的内容（不仅仅是产品广告）以吸引客户，促进购买。在发送微信时，你需要把握客户的购买规律，不要过于频繁地发送微信，这样会让客户对你的行为产生反感。

我曾收到过我的美发师给我发的一条短信，在短信上他这样写道："刘先生您好，最近是大雪的节气，天气一天天转凉了，听说您经常出差，所以要保重好您的身体，千万不要感冒了，想您的金榜美发店 15 号技师张瑜。"

你猜一下，他为什么要给我发这条短信？他真的是在关心我吗？因为他已经算好了，我去他家理发的周期一般是30~40天，所以这是他在督促我去他家理发。

我们可以总结一下，客户是需要管理的，特别是老客户，成交绝对不是绝交，我们要对客户的售后进行管理。我们跟客户之间要加强联系，要有黏性，只有这样，客户才会再次光顾。所以，在客户离店以后，记得要对他们进行管理。

5.为客户分组，设置标签

想要为不同的客户提供个性化的服务，就需要为他们分组，并贴上标签，便于精准推送。比如，卖服装的，要把买休闲装的客户和买西装的分开、喜欢折扣的和喜欢新款的分开。客户分类工作做好后，可以很容易地通过这些标签，向不同的客户发送不同内容的信息，比如为较节俭的客户提供打折商品资讯，为新潮的客户提供新品更新资讯。

最近几年抖音火的根本原因就是善于给客户设置标签。比如，我爱人每天收到的推送信息，要么是关于孩子学习的，要么是关于娱乐圈明星新闻的，因为她对这两件事情最感兴趣；我每天收到的信息都是关于财经与房产的，因为我对这方面感兴趣。所以，只有给客户推送更多他们感兴趣的内容，才能进一步留住客户。

6.任何时候都不能忘记给予客户良好支持

客户希望在任何时候，卖家都能对自己提出的问题立刻做出回应。对于客户在社交媒体上留下的一些疑问，卖家要尽快做出回答。对于负面评论，卖家需尽量保持谦逊的态度，做出合适的回答，尽量将负面评价转换成展示自己产品的机会。当你积极回应客户时，他们会更加信任你，并且更愿意购买你的产品。

所以，我在抖音上的所有留言与私信都是亲自回复的，我解答了所有粉丝提出来的问题。这样，粉丝喜欢听什么内容，学习什么知识，我就都掌握了。

7. 与老客户们形成群组并定期讨论

定期话题讨论应该具备一定的仪式感，比如你可以预告明天 21:00—21:30 将讨论一个什么样的话题，并选取积极发言的群员给予激励，让群员有一定的心理期待和参与动力。另外，针对群内的活跃分子和领袖人物，你可以鼓动他们一起参与互动，这对提升群氛围能够起到很好的效果。会后，你应将内容优质的讨论结果整理成文，不管是在群内发布，还是在自媒体发布，都会形成更大的影响。

现在网络直播非常流行，我每周也会抽出时间来参与直播，目的就是解答老客户的疑问，增强彼此之间的互动，让客户产生黏性。

8. 线上给予老客户参与感，线下进行互动沉淀

"参与感"就是聚集起一群种子客户，为企业品牌产品的研发提供反馈和意见，并让其成为品牌宣传的一个渠道。比如一间餐饮店，可以建立"一起做吃货"微信群，一个护肤品品牌，可以建立起"新品试用群"，通过定期开展产品试吃或试用活动，收集产品反馈，甚至可以让这些群员们参与产品的命名、拉投票等。

比如，一个青年社区针对年轻职场群体，不仅建立了线上社群，还隔三岔五地组织群员在社区内搞活动；又如，一个书画坊，针对收藏者和书画艺术家，建立了线上社群，不定期地组织群员来书画坊里做沙龙。久而久之，在他们各自实现商业目的与个人目的之余，能使得彼此都有一种记忆归属感。所以，互联网思维就是从经营产品上升到经营人群。

9. 要有一个载体作为入口

老客户群必须要有一个载体作为入口，比如，产品、服务或解决方

案。比如，小米的载体是手机，"罗辑思维"的载体是知识，我的载体是销售话术。在消费升级和移动互联网的推波助澜下，整个商业逻辑已经发生了变化，过去是先有产品后有客户，但现在可以先有客户后生产产品。

只要在这九个方面下功夫，就能维护良好的客户关系，让客户忠诚于产品和企业，从而轻松实现客户转介绍。

让产品的细节带给客户极致体验

销售人员在介绍产品的卖点时，尽量不要平铺直叙，应层层推进，语气抑扬顿挫，要有设问、有解答，这样才能引起客户的购买兴趣。

之前，我辅导过郑州某全屋定制品牌。员工在介绍拉手时这样说："您好，我们这个拉手采用的是隐藏式的设计，您从正面是看不到拉手的，但是您一摸、一抠，然后往这边一打开门，又非常方便，所以这个拉手既简洁、大方又实用，是我们家最好的设计。"然后，员工就把这个卖点介绍给客户，客户听完后说了一句："嗯，还可以。"接着，品牌老总就问我："刘老师，感觉怎么样？"我回答说："还可以，员工介绍得还是蛮仔细的。但是，我发现一个问题，全程没有亮点，如果让我打分的话，大概能够打到70分，但是还谈不上优秀。"

于是品牌老总把我当成客户来向我介绍产品的细节，他问："刘老师，你看，这个柜子跟其他的柜子有什么样的区别？"我说："没有什么区别啊。""对，刘老师，你仅凭看是看不出来的，刘老师，你过来自己用手摸一下，现在感觉这个柜子有什么不一样？"我就顺着这个柜子的边缘摸了一下。然后我说："这里有一个拉手。"他说："刘老师，这个拉手就属于隐藏式的拉手，从正面看不出来，但是你一摸就能够摸得出来，这就是我们家拉手的最大卖点所在，隐藏式拉手凸显了我们家的设计能力，这就是我们家拉手跟别人家的最大的区别之处，因为我们家做的是全屋定制，所以特别注重设计跟细节。"我明显地感觉到品牌老总比之前的销售人员讲得更能打动客户，因为他让顾客自己感受（摸）产品细节，而不仅仅是讲出来。

现在是消费体验时代，产品的细节是客户体验中最重要的一环。真正的用户体验是什么？客户产品交互得流畅自然，精美的界面设计，便捷的操作体验还是贴心的小功能，这些都要有。只有这样，我们才能说把客户体验放在了第一位。

好的体验能满足客户的情感化需求。我们在选择产品时往往会受内心感性一面的驱动。客户需要找到一个使用产品的理由，需要经历真实的主观感受（不仅在于某个功能细节，而是一个完整的体验流程）。在产品体验的各个环节都应让客户感觉舒适、自然，能够让客户发自内心地赞同："哎哟，不错哦。"

我们曾给南京的某新能源汽车团队做过培训，该品牌旗下的 M5 电动汽车的小憩模式深深地打动了我。

在课前的模拟体验环节中，团队向我介绍道："刘老师，如果您下班后，是想在车内睡会儿，M5 车内置了一键小憩模式，可以为您提供舒缓助眠的白噪声、正念冥想、呼吸训练等个性化音乐内容，助您尽快舒缓压力，而且，可联动车内氛围灯效果，根据不同音乐类型呈现不同的车载灯光效果氛围。"销售人员一边邀请我体验，一边开启了小憩模式，同时，车的座位缓缓地后靠，我整个人可以平躺下来，耳畔传来了雨水的声音，我瞬间联想到自己平时下班后也是先让爱人与小孩上楼的，然后自己在车里静静地享受一会儿一个人的时光,有的时候甚至能睡着。该品牌读懂了所有男人,开发出了小憩模式,以人为本,这让我瞬间被感动了。

所以,产品细节就是销售的细节,真正的销售过程就是解析每一件产品的细节,并让客户在现场能够体验得到。

成交不是绝交,售后管理也是营销流程中的一环

消费者最怕的就是使用产品出现问题时找不到人,无论成交前营销手段多高明,营销人员多卖力,一旦消费者觉得产品体验不好,或者产品使用起来不顺畅,找到售后服务却不能及时给予处理,那么这个产品和品牌就在消费者的心目中打了折扣,只有消费者觉得服务到位了,才认为该产品具有较高的性价比。真正性价比高的产品不仅要求商品的品质和附加值,还要包括服务因素。

好的商品必须搭配好的售后服务。不然,客户在使用产品时会有很多困难。只有好的服务才有好结果,营销工作不是一次性买卖,成交更不是绝交,售后管理也是营销流程中的一环。

把新客户变成老客户最好的办法就是为其提供优质的售后服务,而且,售后服务并不是可有可无的选择,是销售工作生存和发展下去至关重要的一个工作内容。一个产品,销售只是开始,如果客户使用时觉得好,就会成为自主宣传员,同样,如果产品售后服务做得不好,客户也会成为糟糕口碑的扩散者。

现在信息的传播渠道如此广泛,一个不好的评价,只要发个朋友圈或

小视频，瞬间就能传遍大江南北。

比如，某品牌汽车的女车主坐在发动机盖上维权的事件就是一个很好的例子。该女车主体验了该品牌汽车4S店糟糕的售后服务，其有理有据进行维权的过程被拍下了视频并上传到了网络平台上，短短24小时就刷爆了微信朋友圈、抖音、微博、头条，最后直接上了热搜榜。迫于压力，最后该品牌汽车4S店不得不公开道歉。该公司原本可以在最开始时就质量问题做出超出车主预期的售后服务体验，却以狭隘的眼光选择了短期的小利，最终一步步把自己推向风口浪尖，即使再大的企业，如果信誉受损，也会对自身发展造成严重的影响。

客户体验一旦不好，传播起来给企业带来的损失可能是无法估量的。一个普通人的微信朋友圈至少有100个好友，最多的可能有几千个好友，如果其中有一个人有这种不良体验，发布了一条朋友圈，那至少会有一半好友可以看到，这些人再去转发这条朋友圈，就会有更多的人看到。除了发布到朋友圈以外，还有可能会在简书、微博等平台上提到这件事，那么看到的人就不止是这几十个人了。所以，因为一个客户的体验不好，或是对产品售后服务不满意而引发的传播力，很有可能在短短几天之内让一家企业名誉扫地。

好的售后服务能够赢得人心。我讲课的时候经常会举一个案例，有个客户在某报纸上刊登了自己家独爱××品牌产品的感谢信，我觉得这封感谢信背后体现的价值观值得所有企业和品牌去借鉴，感谢信的内容如下。

感谢信

今年夏天，我（客户）家连着买了三台××空调，朋友们对此感到很不解。大家都很好奇，是什么原因让我这个挑剔的人，这么满意。其实，还是因为××空调的服务好，用着放心。七月的一天，妻子出差，又赶上我值夜班，家里只有八十多岁的老母亲。晚上11时左右，母亲突然打电话给我，说不知什么原因家里的空调吹出来的是热风。一听这情况，我很着急，要知道母亲年纪大，身体弱，最怕热。随后我给××服务热线打电话，说明了情况，××服务人员答应马上上门。大约凌晨1时，三位师傅开着专车连夜赶了一百多里路来到我家。检查的结果是因母亲不会使用遥控器，误把制冷键按成了制热键，以致空调吹出了热风。师傅耐心地教我母亲如何使用遥控器，将温度、风速设定好，并留下了联系电话，告知如果有什么问题可以随时打电话。之后，三位师傅才放心地离开。

师傅走后，母亲到洗手间洗手时，不知是什么原因一个水龙头断了，水压很大，水已经从洗手间流到了木地板上。母亲很着急，又想不出对策，想着刚留下的电话号码，便打电话给那几位师傅。几分钟后，师傅开车回来，看见屋里的情况后，三位师傅立即冲入洗手间，经过10多分钟的紧张处理，终于将水堵住。母亲很感动，先是给师傅端水果，又拿出钱给师傅表示心意。服务人员不但没收，还直说："大娘，您是我们的用户，帮您解决困难是我们的责任。"说完，师傅用拖把将地面清理干净后，又将管道仔细地检查了一遍，确定没有问题后，才放心地离开。下班回家后，母亲把发生的事情讲给我听，我心中充满了感激之情，毫不犹豫地来到商场再买两台××空调。不仅如此，我还会将该品牌真诚的服务告诉其他人，让他们也购买其产品，都来享受该品牌的真情服务。

该品牌的售后服务向来为客户所称道，不仅是因为其售后服务团队总是怀着一颗为客户着想的心，而且非常重视对客户信息和需求的掌握，往往不用客户主动提及就能提供很多超出客户预期的服务。该品牌的售后服务已不仅仅是针对产品问题的简单维护，而是变成了对客户生活的全方位关心。

一个好评会让客户心甘情愿地为品牌多付多少钱呢？调查显示，如果是积极正面的评论，人们会更愿意多付10%，反之，则是少付11%。

为什么这么说？因为商家所有的主动宣传，只能触及第一级受众。就是说，即使你做得再好，触及的人再多，对他们的影响再大，都是有限的，而且成本巨大。过去口碑传播效率低，传统的营销、品牌建设工具，我们称之为"一次营销"工具。商家对这个人是否帮你宣传（二次营销），以及他能宣传给多少人，几乎没有控制力，更不要说他宣传完之后，他的朋友是否还会继续被打动，再次宣传（三次营销）。

过去，好口碑传播率很低，衰减率很高，客户跟别人讲的机会很少。有人到客户家里面，发现这个净水器不错，然后客户介绍说这是××品牌的，挺好用的。其实这种机会很小，客户再去传播给别人，可能性会更低。而在移动互联网时代，口碑的传播率很高传播速度很快。

所以，品牌要重视自己的售后，因为它能起到非常重要的作用。做得好可以带来正面的价值，做不好就会带来负面的价值。

最后我想说的是，感谢信这个案例也深深地影响了我，在2020年夏天，我家也购买了一台该品牌的中央空调，做到了知行合一。

如何应对客户的货比三家

有句话人们总是爱讲："不怕不识货，就怕货比货"。大部分客户在买东西的时候都会货比三家，比价格、比品质，面对货比三家的客户不要害怕，因为嫌货才是想买货，比货才是真心买货的人。

现在，客户在购买产品时都表现得比较理性，他们在购物前不仅会货

第六章 客户的兴趣点，才是你的卖点

比三家，还会认真分析产品的性价比。所以，在日常销售过程中，销售人员常常会遇到这样的情况：客户很认同产品的质量、外观等，但却不认同产品的价格，也就是说，在他们眼中，产品的性价比不高。尤其是受网上购物平台的影响，即便是同类型的产品，电商平台上的网店给出的价格也要比实体门店便宜很多，这的确是对销售人员的一种考验。

客户之所以要货比三家无非是想要买到价格最低、品质满意的产品，所以万变不离其宗，最终都是在价格上做文章。

客户："你家的这款电饭煲从功能和质量方面来说都不错，就是价格实在太贵了。"

销售人员："看得出您挺认可这款产品，功能齐全质量好，价格相对其他同类产品来说是贵了一些。"

客户1："关键是一个普通的焖米饭的电饭煲，要那么贵干吗？买个一二百的就够用。"

客户2："这款电饭煲是不错，但接受不了价格，再考虑一下吧。"

客户3："这款电饭煲质量挺好，但功能太多了用起来也麻烦，不如买个简单一点的，还不用这么贵。"

以上三种说辞都是围绕"贵"展开的，销售人员除了实事求是地说一些表达对客户观点认同的话之外，还可以这样回答："您的诉求我明白了，要不您到那边看看，都是促销产品，功能单一，价格应该比我们这款要便宜一些。"这样一说反而显得不卑不亢，既不去讥讽客户又没有强硬挽留，反而让客户觉得你的东西物有所值。接下来，看看具体怎么设计话术。

首先，不能轻易降价，不能为了留住客户立刻成交而守不住底线。一旦降价客户会觉得这款产品的水分太大，会要求进一步降价，反而不利于成交。

卖手成交思维

其次，无论客户说什么都要保持良好的服务态度，买卖不成仁义在。有不少销售人员听到客户拒绝就会流露出不悦的神情，尤其面对嫌价格贵的客户，说一些不好听的话会伤了客户的自尊导致前面所有的努力都付诸东流。

再次，可以强调产品的优势。可以从客户的角度出发，根据客户的需求，找出客户最想知道的关键点来。然后，将其作为产品优势来说服客户，这样客户才有可能购买。

最后，说服客户改变原有的思维。比如，客户追求普通、简单、便宜，这主要是因为客户惯性的节俭思维，现在已经是智能化时代，人们在家电产品上更加追求省时、高效、做出来的饭更香等这几个方面去说服客户。

另外，针对客户提出的问题，可以用如下话术来做出回应。

销售人员："您刚才说了，它功能齐全，质量好，这是因为厂家特别注重产品的功能和质量，自然在这方面会加大成本，所以价格肯定要比其他产品稍微贵一点。"

客户："你说得也没错，关键是电饭煲为什么要买那么贵的呢？只是用它来焖个米饭，其他功能也没什么大用处，买个200多元钱的就行了。"

销售人员："您说得也有道理。但是电饭煲是我们居家常用的电器，是几乎每天都要使用的，所以品质尤其显得非常重要。您买一个质量好的电饭煲，不仅不用担心安全问题，它的使用寿命还长。关键是多花一两百元，普通的大米都能焖出五常大米的香气来，多划算啊！"

客户："质量确实挺好，就是价格太高了，我买个普通的就可以了。"

销售人员："俗话不是说'一分价钱一分货'嘛，我想您肯定明白这个道理的，而且现在我们在购置厨房电器时，都会看重多功能的，因为这样可以让您做起饭来更方便啊！"

客户："这电饭煲的质量的确是不错，可是我想买个功能简单一点的，用不着这么多功能的，而且还这么贵。"

销售人员："我想在您家里，各种厨具一定都很齐全了，即使其他功能一时用不到，但以后也可能会用得到啊，如果到时再专门买具备其他功能的电饭煲，岂不是更浪费了吗？何况现在煲汤、锅仔饭、煮粥、养生汤等都能使用，可以说是一锅多用，您只要多花100多元，就可以享受到那么多的功能，真的很划算啊！"

相信话说到这个地步，大部分客户就已经同意购买了。所以，在面对货比三家的客户的时候，不但要正确使用话术，还有以下几点需要注意。

1. 不要为了成交夸大承诺

消费者货比三家综合参考是没错，他们想要的是哪家的商品承诺得更好，所以不要为了超过竞争对手而夸大承诺。因为任何产品客户都会拿回去使用，在使用的过程中假如没有你承诺的那样好，他们一定会因为感觉受骗而愤怒，下次肯定不会再找你。越是大品牌越要重视承诺，不夸大承诺，要实事求是地说出自己产品的特点和优势，要从提供解决问题方案的角度来思考品牌的宣传与承诺，从客户的角度反推回产品，这样就从提供产品的利益到寻找目标消费者再到宣传途径都会精准，可以有效避免因沟通不良或与消费者对接错位造成的客户失望。

2. 不夸大但可以说出特点

不夸大承诺有一定的风险，就是客户可能会减少，所以要在避免夸大的同时说出自己产品的差异化，与竞争对手的产品相比，自己产品的优势在哪里，以此给消费者提供差异化的承诺，这样可以避免和其他对手的正面竞争，以己之长克敌之短，可以有效弥补资源不足的劣势，还能获得差异化的竞争优势。比如，空调不强调的制冷效果，而强调省电、静音、环保。

推荐话术：姐，您只要多加400元钱就能买到一级能耗的空调了，一个夏天下来，电费都省回来了，而且这款空调能用10年以上，这钱花得多划算啊！

姐，您只要多花××元，就能享受到××的效果了，多划算超值啊！

3. 在客户满意的前提下制造一些惊喜

给客户制造惊喜的方法很多，比如赠品，或在已经谈好的价格基础上再打一个友情折扣等，总之要给客户一个预期之外的惊喜体验。这个惊喜也并非需要付出多么大的代价，因为只要超出客户期望值（哪怕只是一点点），就会让客户兴奋甚至是感动。客户已经通过商家对商品的承诺与商品价格之间找到了认可后的平衡。此时增加商品的价值会让客户有"赚到了"的满足感，而降低价格则可能会降低商品在客户心中的价值，反倒打破了原有的心理平衡。而且，从提高商品综合价值的角度来思考为客户创造惊喜，可操作的空间与方法将非常多。

推荐话术：哥，您痛快，我也爽快，您现在定，我就向公司申请送您一份价值××元的礼品，这个礼品平时只有VIP（贵宾）才有的，真的很划算，您来这边刷卡吧！

总之，不怕客户货比货，就怕客户不识货，不怕客户说得多，就怕销售人员不会应对。无论从情感上还是产品上，只要给予客户支持和超预期体验，一般成交都是水到渠成的事。

营销不能等，唯快不破

我们常说"唯快不破"，这个词不但可以用在形容武功上，还可以用在营销上，意思是很多事情只有达到了非常快的速度，胜算才会非常高，很多时候速度才是胜利的法宝。

所有的实体店都知道服务非常重要，那我们的店到底该怎么做好服务呢？答案就一个字——快，快就是对客户最好的服务。我之前在某品牌工作了 6 年，我对我的团队做过一个测试，点了一双鞋让导购去仓库拿货。普通员工去拿，平均用时 17 秒，也就是说，他们进仓库拿鞋再出来需要 17 秒。接着换销售冠军去拿，销售冠军用了 5 秒钟。

这说明一个问题，销售冠军对业务非常熟悉，对库房结构也非常熟悉。服务的速度快，证明你非常热情，你对业务非常熟练。

比如，你是做餐饮的，上菜的速度能不能快一点？你是做连锁酒店的，办理入住手续能不能快一点？能不能把你的速度提上来是关键点，因为有这样一句话：天下功夫，唯快不破。

下面是一个我们辅导过的婴儿游泳馆的案例。

这家做婴儿游泳馆设备生意，后来发现卖设备赚钱少，开婴儿游泳馆赚钱更多，于是就开了直营的婴儿游泳馆。婴儿游泳馆是常见的业态，同行之间的竞争比较激烈。由于是新店开业，进店的客户比较少。于是老板提出了一个促销方案：只要客户登记留下联系方式，就可以免费得到一张代金券，凭券小孩可以免费体验一次游泳项目。

很多人对此方案感兴趣，纷纷过来登记，一天之内商家送出了 500 多张代金券。可是，这 500 多位拿着代金券的客户带孩子进店体验的比例很低，10% 都不到，给他们打电话通知也不来。老板不知道这是为什么，他很郁闷，不知道问题出在哪里。我认为老板犯了一个错误，那就是免费送的东西，消费者并不买账。于是，老板按照我教的方法，改变了营销手法，原来是免费送体验代金券，这次要求客户花 10 元办会员卡。

（1）只要是会员，到游泳馆一律九折，游一次的价格是 60 元，九折

卖手成交思维

后是 54 元。

（2）客户花 10 元办了会员卡，马上获得 180 元的消费额度。游一次 60 元，180 元的消费额度可以游 3 次，客户感觉占了大便宜。

为什么说 10 元可以当 180 元的消费额度使用，而不是说 10 元可以游 3 次？

首先，如果说 10 元可以游 3 次，那么游一次才 3.3 元，婴儿游泳项目变得很不值钱，破坏了价格体系。

其次，从客户角度来看，花 10 元游 3 次和花 10 元获得 180 元的消费额度，哪一种心理感受更好？虽然两者在本质上是一样的，但实践证明，180 元的消费额度的说法会让客户感受更好，更感兴趣，成交率很高。

最后会员卡和 180 元的消费额度使用时间有限制，必须在一周内使用，过期作废。

这样做的目的是鼓励客户赶紧来，营销不能等，必须短平快。

花 10 元，获得如此多的价值，客户感觉超值。

原来免费送代金券，一天送出去大概有 500 张，但转化率很低。而卖 10 元一张的会员卡，一天大概可以卖出 100 张，其中 90% 的人在一周之内会进店体验，只要游过 3 次，基本上都会充值。

营销做得好不好，取决于你能否快速地执行你的策略，快速尝试，快速解决问题。你的行动够快吗？决策够快吗？服务够快吗？

总体而言，做营销有"三快"。

1. 市场反应要快

经营者的反应速度决定着能否把握住商机。经营者要对市场，特别是市场的有效信息做出快速反应，要通过多种方式了解周围的消费者，以及他们对产品或服务的需求，先人一步掌握市场主动权。

2.服务到位要快

当前社会，消费者对服务的要求越来越高，服务已成为店铺与店铺之间竞争的一个不可或缺的砝码。经营者在服务消费者的过程中要注重服务到位率，可通过增加店铺服务人员、提升服务质量及丰富服务项目来满足消费者多样化需求，以服务赢得消费者的认同。

3.消费者需求满足要快

如果消费者的需求在店铺得不到及时满足，他们就会转而选择其他店铺。因此，快速满足消费者的需求也是增加消费者黏性的一种有效方式。

卖产品之前，先学会认同客户

如果人人具备同理心，那每个人都能学会换位思考，都能够站在别人的立场想问题，也就会真正地去认同别人。这对于销售人员来说是非常重要的一项能力和智慧的体现。卖产品之前，学会认同客户是关键。

认同，说起来容易，做起来很难。作为销售人员，要怎么做才是认同客户呢？比如，客户到了你家，说："你这个品牌我怎么从来没听说过？"如果没有接受过训练的销售人员可能会这么回答："姐，天底下的品牌多得数不清，您怎么可能每一个品牌都听说过？"乍一听，觉得挺有道理，但客户听完后估计扭头就走了。

其实，换个口气说效果就不一样了。"姐，我理解你，有很多客户的想法跟你的想法一样，都说没有听说过我们这个品牌。都怨我们，广告做得不到位，宣传工作做得太少了。那这样吧，你今天来也来了，耽误你半分钟的时间，关于我们家的品牌，我简单向你介绍一下。"如此简单地对客户说出你的认同，机会不就来了吗？

试想，如果客户对你的产品进行挑剔时，你反驳他，那么换来的也是客户的掉头离开，不给你任何继续向他展示的机会，更何谈卖产品呢？

认同客户是销售的重要技巧，它要求我们理解和认可客户的某一观点或情感，是一种体贴、支持客户的表现。进入店里的客户，往往都带有戒备心理，只有认同才能消除客户的戒备心，进而获取他们的信任，达成销售。

客户会先对产品或服务进行了解。这时，你需要做的就是给客户展示自己以及产品，让客户对你产生好感。而销售人员一而再再而三地压制客户，对他的认识有所打击，那么大多数客户在这种情况下都会感觉不舒服，自然而然地对店家产生抵触感，然后转去消费别的类似产品。

在认同客户上，具体有哪些话术呢？

1. 认同客户的观点

客户无论说什么，销售人员都要本着一个原则：不反驳、不辩解，顺着客户的意思去讲，这就是认同。比如，客户说："你们这个地板的牌子我知道，不就是请××广告代言的吗？真想不通，你们竟然请他做广告，这个明星的口碑可不大好，人又老，又不太出名，还不如请×××呢。"听到客户这样的说辞，怎么表达认同呢？你应该说："哦，是呀，您的见解很独到，下次我们公司找明星代言时一定要参考您的建议。"说这话的时候一定要真诚并全程微笑。客户一定会说："那是，我的建议保管有效，上次我给一家装饰公司建议他们请××代言，后来这位明星主演的一部电影火了，迅速红了，那家装饰公司也跟着沾了光。""真的吗？您可真有才。"带一些夸张惊讶的表情，客户听了一定非常受用，也能更乐意听你下面跟他介绍产品。一旦客户对销售人员敞开心来交谈，那么就意味着客户把销售人员当作朋友了。等客户讲得差不多时，销售人员再向客户介绍产品，就非常容易签单了。

2. 一定要记得"耐心"

化解客户疑难问题最好的方法：耐心。客户有问题是正常的，因为世界上没有完美的产品。高端品牌的手机，各种性能都很好，但是它们的缺点就是贵。有便宜的手机，但是缺点就是各方面性能不好。客户只要想买好的，就会抱怨价格贵，买便宜的就抱怨性能不好，所以有问题是正常的。这个时候，销售人员一定要记住"耐心"两个字，把客户的抱怨当成一件正常的事情去理解，要去安慰一下他们。面对客户时，销售人员的脑子里要浮现这样一句话：客户提出问题是正常的，没有问题反而是不正常的。

3. 优化产品与服务是根本解决之道

再好的话术都是锦上添花，解决问题的根本之道依靠的不是话术，而是产品与服务的持续升级。客户抱怨上菜速度慢，商家需要思考的是如何优化制作流程。客户的抱怨其实就是企业进步的机会，是市场的需求，也是社会的痛点。

一定要说出产品背后的价值

不少企业在产品的定价上非常纠结，不知道该定高价还是低价，其实，比起考虑产品怎么定价，不如从品牌延伸价值的角度出发对产品进行二次升级。如果单独将产品从品牌中剥离出来，那么产品的定价将会变得

卖手成交思维

极其简单,只需要遵循这一个思路:如果产品具备规模化销售的基础,且边际成本相对较低,那就可以选择低价策略。但这仅仅属于价格营销,而价格营销有个非常大的弊端就是,总有一天你的价格战打不下去。比如,通过降价进行促销是很多商家惯用的手段。从客户的价格敏感度、产品敏感度、服务敏感度来看,价格最容易撬动消费者的短期反应,所以各行各业都在搞促销、打折、满减,从客户的心理入手,刺激消费。但是降价一不留神就会让品牌陷入死循环中,一旦产品恢复原价,就无人问津,只要开始降价、打折、促销,立马就动销。这样一来,品牌价值无法体现,品牌利益越来越小,很多品牌在一轮又一轮的降价中销声匿迹。

虽然在同质化产品竞争日益白热化状态下,价格营销已经在所难免,但如果不去提升产品的价值,只走价格这一条道,很容易走进死胡同。所以,对品牌进行价值塑造比价格更关键。只有塑造产品价值,才能在市场中形成强劲的销售力,成为战胜对手的"终极武器"。这种潜在的、独特的价值甚至比一个产品事实的优点更"硬气",更稳定,更牢固。

现在大多数客户购买的是产品价值。产品价值可以满足人们的某种需求,如果产品不能满足用户的需求,用户就不会去使用,这个产品就失去了存在的意义。围绕这个产品的所有盈利方式也就无从谈起。产品对用户的价值是产品得以立足的基础,也是一切商业行为的基础。

客户不需要产品,而是需要产品带来的价值。为什么同样是卖手表,有的卖几百元,有的卖几万元?为什么同样是卖汽车,有的卖几万元,有的卖几百万元?同样是卖服装,有的卖几十元,有的卖几千元?难道是后者的产品品质比前者的产品品质好几十倍甚至是上百倍吗?为什么人们愿意多付几十倍甚至上百倍的钱来购买呢?因为人们买的不仅是产品品质,更多的还是产品价值。

而产品之所以有价值,是因为生产者或是销售人员把一种理念导入了产品，让消费者从理念中感受到了产品的价值。消费者要的是健康、美丽、舒适、安全、尊贵、成就、荣誉和面子。所以，我们不管卖什么产品，都是围绕这些理念来做文章。

客户不需要化妆品，他们需要美丽；病人不需要药品，他们需要健康。

因此，卖产品真正卖的是产品的价值和理念。有人需要健康，什么产品代表健康，这就是他需要的；有人要安全，什么产品代表安全，这就是他需要的；有人要尊贵，什么产品代表尊贵，这就是他需要的。人们花几万元买一块手表，要的不是看时间，而是尊贵和面子。

比如，麦当劳卖的是快速，星巴克卖的是休闲，小米卖的是性价比，王老吉卖的是清火，沃尔沃卖的是安全等，事实上，他们无一不是在卖产品价值。

为什么要对产品进行价值营销？我们可以用一瓶矿泉水来举例说明：面对一瓶不知名的矿泉水，大家只会想——它是一瓶能解渴的水。这就是一般意义上的产品，该产品最多能卖2元钱。如果赋予产品以价值，让大家看到它是中国驰名商标，还会想到各种广告语，这才是产品的价值。水还是那瓶水，价格却因为价值赋予了产品而有了提升。

一瓶矿泉水还能卖到28元，那就是依云矿泉水。我们来看看依云是如何塑造产品价值的。

依云天然矿泉水的水源地是法国依云小镇，背靠阿尔卑斯山，面临莱芒湖，远离任何污染和人为接触。经过了长达15年的天然过滤和冰川砂层的矿化，漫长的自然过滤过程为依云矿泉水注入天然、均衡、纯净的矿物质成分，适合人体需求，安全健康。依云天然矿泉水在水源地直接装瓶，无人体接触、无化学处理，每天经过300多次的水质检查。依云倡导的"活出年轻"，是一种心态与个性表达。活出年轻的内涵包括了机体感官和精神层面的追求，品质健康、天然纯净的依云矿泉水将源于阿尔卑斯山的大自然礼物分享给每一位追求高品质生活的人。

所以，依云成了健康、年轻、时尚的代表词，虽然卖28元一瓶，但是早已远销全球140个国家和地区。2018年12月，在世界品牌实验室独家编制的《2018年世界品牌500强》榜单中，依云排名第500名。

巴菲特先生指出：每个伟大的品牌背后都有一个卓越的商业理念，强大的品牌承载着远远超越产品性能自身的价值。比如奢侈品，它已经不单单是一种商品，更多的是一种身份象征，这种身份象征更容易开启消费者内心的情感价值，赢得目标群体的认同和心智占领。

在产品同质化的市场竞争环境下，客户无法辨别出谁的产品最好，只有理念和价值才能区分产品差异。

与其在产品价格上不断地突破底线，不如在产品价值上寻求不同。因为即使是相同的产品，只有导入不同的价值，才会产生不一样的效果。所以，销售产品关键在于卖价值和理念。攻心为上，攻城为下，客户如果从理念上接受了你的观点，那么只要产品的品质不是太差劲，他们一般都会选择你，这就是产品的价值营销。

总而言之，消费者在购买产品时，除了产品本身的使用价值外，更多的是购买一种感觉、文化、期望、面子、圈子、尊严、尊重、理解、地位等象征性的价值。只要价值落地，就决定了品牌的营销效果。

第七章
如何打造你的邀约引流话术

> 卖手成交思维

如何打造实体店私域流量

如果非要给私域流量下个定义,应该理解为:某品牌或个人所拥有的可多次利用、自由控制,并且能够免费直接触达用户的流量。

假定公域流量是以平台为中心建立的用户流量池,私域流量则是在公域流量池的范围内,个人或企业主体通过某种形式建立的自有的去中心化的用户流量池。两者的本质区别在于,用户流量的支配权是否在平台上的个人或企业主体,是否可以免费无限次使用。

追溯私域流量源头,最早源于淘宝店主和微商,比如,微商的多级代理和朋友圈卖货,方法虽简单直接,但却抓住了当时个人微信号的红利期。这些被自由支配的每一个微信去转发,产生的就是自己的私域流量。再后来,很多淘宝店商家开始往个人微信号导流量了,有不少淘宝商家会在快递包裹里面塞上写着"加微信送红包"的小卡片,直接引导消费者添加微信个人号,然后送2~5元的现金红包,这就是非常典型的私域流量引流方式。

从用户增长角度来说,传统与未来则是定量与增量的区别,传统是一次购买就是一次消费,再次消费遥遥无期;私域是一次购买,终身沉淀、持续运营,用户价值在此过程中会通过运营手段逐渐放大,关键点在于商业模式的创新。不过,与其说是创新,不如说是商业模型的拓展与完善,实体需要完成进化与增长,就必须打通线上线下,做一体化的运营模式。

第七章　如何打造你的邀约引流话术

各位实体店的从业者，无论店的规模如何，一定要重视每一个到店的客户，务必请你真诚对待。

很多门店的店主跟我抱怨没有客户临门，怎么办呢？很简单，他不过来，我们就过去。2021年，我们帮浙江台州的一家瑜伽馆做推广预付卡的活动，在45天的时间里收款200万元，效果非常好，跟大家分享一下我们是怎么做的。瑜伽馆、健身房、美容院，经常做99元的地推卡，我们在45天的时间里，派不同的超级卖手到各个较为高档的小区门口做地推。见到客户的话术是："美女你好，我们是本地已经做了10年的品牌瑜伽馆，今天我们推出99元瑜伽卡。如果买了这张99元卡，就可以买三节的私教课程。"客户说："我对这个不感兴趣。"接下来销售人员一定要说："如果对这个不感兴趣的话，我们还有一个B方案，我们正常的瑜伽卡的价格是一张卡3800元，如果你买这张99元卡的话可以抵1000元，换句话说，3800元的瑜伽卡现在只要2899元你就可以搞定了。"

就这样，我们跑到小区门口见到女的就推销，测算下来，我们成交的概率大概是20%，我们见到了10个客户，大约能成交2个。最后，有800位客户买了我们99元的瑜伽卡，实际到店的有600人。针对这600人，我们要推的是3800元的卡，用99元的卡抵1000元后，最终，我们那天成交了300张3800元的卡。

实体门店打造的私域流量池的形式可以是个人微信号码、微信群、小程序，等等。对于实体门店来说，每一个路过的、进店咨询的、买过东西的客户都可以从线下导入线上，进入私域流量池。

一般私域流量有几种不同的模式，分别是以下四种。

1. 门店的自然流量

一般是客户自己到门店消费，这时我们需要主动添加对方的微信并做深度的附加值服务。比如，我们家的人很喜欢到某家日料店就餐，主要是

卖手成交思维

因为孩子喜欢他们家食物的口味。后来买单时,收银员告诉我扫一扫进群可以享受9折优惠,于是我就加入了他们的微信群。在群里我发现与我一样的客户还有400多位,群主每天11:30都在群里进行"秒杀霸王餐"的活动,而且每次新店开业还有充值优惠活动,总之,入群以后客户与门店的联系得到了加强。所以,我们在上文中讲过,一定要从经营产品上升到经营人。

2. 种子客户的流量导入

种子客户一般指回头客或老客户,他们本身对品牌和产品已经有了信任,或者是信任店长的人品。这部分客户在导入私域时的难度不大,可以利用朋友圈宣发、1对1私聊等常用形式触达,引导其入群,强化客户与门店之间的强连接,为其提供更多高附加值服务,吸引他们持续到店或带新客户到店。

今年我就与一家家政公司通过"种子客户"法成交了。我在我们小区的业主群看到一个链接:99元享受一次3小时高端保洁。我点开链接后就被拉入了"××到家"的微信群,在群里群成员可以直接用小程序下单,充值还有优惠。这家家政公司没有门店,没有业务员,但是轻松实现了成交,用的方法就是"种子客户",说白了就是利用老客户把潜在客户拉到群里成交下单。那么"99元享受一次3小时高端保洁"的链接是谁发到我们小区的业主群的呢?原来,"××到家"有个机制,帮助转发链接,如果有客户成交,每成交一次送卡金33元。换句话说,每转介绍3个客户并成交,老客户就可以享受一次免费的3小时高端保洁服务。所以,所有的老客户都主动愿意成为"种子用户"了。

3. 老带新的流量

一般来说,转介绍和老带新也能给门店带来不少流量,这些新客户虽然有前面的老客户做背书,但对门店与品牌本身的认知较少,通常带着试一试的心态。服务好这类客户能够发展为深度用户，提高客单。具体的引流策略可以通过店长及导购、深度的一对一私聊、发红包、介绍产品知识等做吸引，邀请用户到店体验，并提供与老客户享有同等级别的服务权益。

我之前服务的某养发品牌就很喜欢举办"美发沙龙"，每个月会针对头皮保养、皮肤管理、美食、服装搭配开一场周末沙龙，担任主讲的嘉宾都是公司特意邀请的专业人士。VIP客户可以免费参加，除此之外，还可以允许客户每次带一位"闺密"，闺密所有的费用也都是免费的。允许带闺密的目的很明显，就是为了完成转介绍，实现二次成交。

如果门店采用合伙制的话，那么沙龙还可以升级。VIP客户在门店充值20000元，除了获得20000元常规的保养套餐服务之外，自动获得了裂变资格，以后只要是老VIP客户带过来的新客户在门店产生消费，老VIP客户都可以拿20%的提成。于是，老VIP客户疯狂地为门店进行转介绍。

4. 做活动带来的流量

针对门店举行的节假日活动、店庆活动、某个名目的定期活动等吸引来的客户，通常以店铺海报、社群邀请等方式触达用户，同时可以引入裂变手段获取更多流量，并充值优惠、红包等作为手段，将更多的流量导入企业微信或社群。

有了这些私域流量以后，该如何运营呢？

（1）给特权。例如，如果店面有排队的情况，可以为进群的客户在群里提前预约，免排直接进店。人人都喜欢特权，只要加个群就能获得，一般人都会选择加入。

（2）在私域流量群里发一些活动券。比如，某个节日到了，可以发一张节日折扣券，群里的客户凭券到店可享受8折优惠。是否要发券，可以根据店里的经营状况来决定，如果缺流量就用折扣券把线上的客户引流到线下，如果是网红产品，不差流量，就做裂变分享。让社群客户宣传线下客户，让更多人知道你的品牌。

这点做得好的就是"瑞幸咖啡"。我经常收到瑞幸的打折券，打完折扣后一杯咖啡只要13元，相对于星巴克的价格，瑞幸的折扣是非常具有吸引力的。瑞幸的折扣券不是乱发的，他是经过计算客户消费周期来发放的，如果半个月没有在瑞幸下单，他就会主动给你发活动券，让你永远记得瑞幸咖啡。

（3）定时秒杀。我所在的某寿司微信群每天11:30在群里进行秒杀"霸王餐"的活动，所有的群成人员每天都会参与，可惜中奖的名额只有一个。商家成功地用一个免费名额，提高了400个群成员对于该群的关注度，真是太划算了。

（4）售后服务。我所在的另外一个私域群就是某影院"影迷群"，因为我办理了充值卡，所以被拉到了群里。有一次，我在观看《复仇者联盟》时，发现影院没有开空调，于是我就试着在群里留言，3分钟后，同在群里的工作人员表示了歉意，而且迅速开放了空调。试想一下，如果没有此群，我观看电影的感受得有多差啊，所以，该影院的私域群大大提升了客户的满意度。

（5）推送商品。去年我在线下的唯品会门店购买了一条休闲裤，店长当场邀请我加入了微信群，后来我发现同在群每天都会在群里推荐不同的特价商品，如果有喜欢的，可以在小程序里直接下单。为了提高转化率，群里还推送直播的信息。所以，唯品会把线上线下的连接彻底打通，在微信里建立了自己的"私域流量"。

通过异业联盟引流拓客

现在很多公司的产品利润不高,不是因为成交量少,多数是因为进店的客户少,销售人员纵有三头六臂,没有客户也施展不出来。所以,售前引流就非常关键了。

现在企业与企业、产品与产品之间的竞争非常激烈,如果单靠自己做不到引流的话,也可以考虑进行异业联盟,既能实现利益共享,还能实现彼此搭销。

我曾经辅导过一个异业联盟的案例,就是让美容院与酒店合作进行引流营销。

该美容院在某城市小有名气,不论店内环境设施还是技术服务在当地都属一流水平。但经营了快一年,店主发现居然没赚到什么钱,在此期间虽然不断加大投入,但客户稳定在100多人,也未见有明显增长。要赚钱,得先有客源,无法解决倍增客源的问题,让店主困惑不已,于是我让他们与当地的一家酒店进行结盟。

1. 准备阶段

美容院制作了一套精美的画册,包括美容院简介、经营者简介、服务项目、硬件设备、店内环境、美容师资质、经营品牌、收费水平、客户结构层次及消费水平、在区域内的影响力等,尽可能地表述自身的资源优势。经过详细考察后,该美容院找到了当地最大的一家餐饮企业——××

大酒店，通过中间人牵线、双方沟通互访以及给酒店女性高层赠送VIP年卡后，双方达成了结盟共识。

2. 实施阶段

美容院之所以和酒店结盟，主要是想以"他山之石"来攻"玉"，借助酒店在城里良好的名望和影响力达到宣传自身的目的，同时还可以分享其资源平台，吸纳新客源。而酒店看中的是美容院客户群体中的一部分重要资源，以及双方合作后的宣传效果。

具体实施方案如下。

（1）VIP卡的互通

持美容院的VIP卡可在酒店消费时享受9折优惠，其中特价菜、包席和酒水除外；持酒店的VIP卡可在美容院消费时享受8折优惠，特价项目和购买产品除外。VIP卡的互通搭建了双方最基本的资源平台。

（2）宣传推广方面

双方联手推出了一系列的宣传活动。由于费用共摊，效用共享，所以花费不多，而且好好地火了一把。

①共同出资在当地几个高端小区做了电梯广告，发布结盟信息。

②双方在各自的门口都挂上了联盟企业的牌匾。

③印制了一批DM（直投）单，宣传双方为此次结盟活动而推出的一系列优惠活动，由酒店负责派专人在全城派发。

④酒店在门口广告栏中给美容院一个专栏，允许其建立美容专版，可以发布有关饮食与美容、保健与养生的知识软文，以及美容院的简介和动态信息等；作为回报，美容院在本院临街门面前为该酒店也做了一个形象路牌广告。这样互为宣传窗口，既扩大了宣传面，又大大促进了客源之间的流动。

⑤美容院协助酒店创办了《健康美食》月报，倡导绿色美食，营养美

食和健康美食。而在该月报中,美容院专设的"饮食与美容"专家讲座栏目,则深受女性食客的欢迎,大大提高了双方的口碑。

⑥美容院给酒店提供了一份美容菜谱,由酒店负责学会制作。依据此美容菜谱,美容院用高档的铜版纸印刷制作了专门的"美颜菜单",单独附在酒店的原菜单后面,包括有美容菜品、美容靓汤、滋补粥品和美颜茶品四大类,既有精美图样,还详细介绍了每种美食的美容功效。比较巧妙的是,在该菜单的眉角处用阴影标注"以上美容食谱由美容院荣誉提供"的字样,这样既没有喧宾夺主,又抓住了女性客户注意细节的心理。

(3)联合推广美容食疗节

美容菜单的推出,在当地的餐饮界和美容界引起的反响很大。于是双方借势发力,又策划了当地第一届美容食疗节,以"健康的美食创造美"为主题,弘扬饮食与美容的交融文化,将此次结盟活动推向了高潮。经媒体大肆宣传后,美容院声望大涨,又扩大了当地美容业的影响力,更赢得了美容行业中竞争对手的尊重。

(4)联合促销活动的推广

通过举办美容食疗节,美容院和酒店开展了一系列的联合促销活动,如兑换券的互通使用。客户凡在酒店消费100元,均可获赠美容院的30元美容现金券;同样在美容院消费100元,也可获赠酒店的20元现金券。双方为此制作了专门的现金兑换券,制订了详细的兑换制度。这样的促销活动让客户觉得既新颖又实惠性强,双方都达到了促销目的。

异业联盟可以选择的合作伙伴非常多,比如虫草搭配珠宝品牌、药店和颈椎牵引仪品牌、航空公司和饮料品牌、女士服装店和美容院、美容院和养生馆等,同样的产品只要换一种思维方式,就能带来两个领域的裂变客户。

短视频引流不简单

目前短视频已经成为我们生活中重要的资讯获取途径，所以很多企业和品牌也把短视频作为营销的主要阵地，无论是靠短视频变现还是引流，短视频已经成了气候。我也通过短视频收获了100多万的粉丝。

短视频在抖音、快手、西瓜视频、B站、小红书、今日头条等平台都有着不俗的流量，值得挖掘，短视频功能也越来越成为互联网产品的底层功能。

短视频平台有着海量的内容和强大的视觉冲击力，占据了大部分客户的时间，可以说短视频成了一个潜力巨大的"流量库"。更重要的是，短视频平台通过数据算法，甚至比客户自己还要了解自己的深层需求，可以将合适的产品信息以恰当的内容形式，自动推送给潜在需求者。

现在流量越来越贵是不争的事实，而且还不包括转化过程中的消耗，而短视频之所以是新的营销机会，是因为短视频的内容形式非常生动形象，而且交互简单、沉浸度又高，所以短视频代表了内容营销的最高境界。短视频营销拉流量的目的是吸粉，只有变成自己的粉丝才有下一步的营销，也才会让粉丝无偿帮企业宣传，产生口碑和裂变。

短视频营销分为植入类和自制类两大类。植入类就是把自己的品牌或广告等内容植入别人的短视频内容中。植入又分为硬植入和软植入两种，硬植入广告观众一看就明白，比如小视频里直接出现某个产品，或者直接说出某品牌或产品的广告，明确说明该视频是某品牌赞助，这些都属于硬性植入类广告。软植入广告比较委婉，不直接，让观众看了不是马上就明白这个是广告，等到回味一下才会发现是广告。自己制作或外包定制的短视频都可以算作自制类。自制类也分两种，一种是广告型，另一种是栏目型。广告型的短视频都属于单片、不连续，通常只是为了品牌宣传。栏目型的短视频的内容可以是连续性的，比如某某说股票，某某玩宠物，这样的内容当时可能没有多少用户被转化，但辐射范围很广。

  那么，短视频引流具体怎么操作呢？虽然每个平台每天都有超过几亿的用户浏览，但由于短视频篇幅短，难以充分地表达出产品的特性，加上互动有限，没有办法实时捕捉消费者的需求变化来促成交易，所以要想使短视频变成真正的营销，需要直播的协同配合，短视频是前期的预热，直播带货才是后续变现的关键。"短视频＋直播达人"矩阵组合的模式，可以带领用户完成"基本认知→'种草'→拔草收割"的完整消费链路，是值得尝试的同一平台内"跨品种"新矩阵玩法。所以，现在直播在抖音里的权重越来越大。

  引流短视频不同于普通短视频。最主要的目的是通过短视频引流到直播间，提高直播间的进入率。这就是自然流量，成本低。现在很多直播都用这种方法引流。

  那么，实体店怎么拍短视频才能够引来流量呢？

1. 教给别人有用的东西

  比如，你要把顾客当成学生，你要教给他们一些知识。比如，我一个卖燕窝的客户，他在短视频开始之前提出一个问题："伙伴们，你们知不知道如何炖燕窝才能保全燕窝的营养成分？"一般喜欢燕窝的小伙伴看到这个标题，大部分会点开看看，这样视频的点击率就会提升，传播率也就有了。比如，卖枸杞的商家，可以发问："生长在高海拔地区的枸杞和生长在低海拔地区的枸杞有什么区别？"卖床垫的商家可以提出："买床垫的常见误区是什么？"

今年我服务了河北的某美妆品牌，该公司第一家实体门店的面积有1000㎡，开在了廊坊某小区底商的二楼，我第一次去的时候还差点没找到。但是意想不到的是，她们从开业起生意一直非常的火爆，问其原因，老板坦言说都是在抖音上做的推流。靳总（老板）就是一位美妆博主，在抖音上有20多万的粉丝，她的短视频内容就是教你如何化妆、如何护肤。她在短视频上说店里上新了，于是很多粉丝都慕名而来，而且指定要抖音上的某某款护肤品。虽然她把实体门店开在了二楼，但是因为引流方式得当，生意非常火爆。

2. 短视频的内容要接地气，有质量

短视频的点赞量能上10万的，多数是因为内容好，能够戳到用户的痛处。品牌企业也可以拍出非常好的内容，无论是叙事型还是科普型的，形式不重要，内容要优质。某汽车维修品牌有条短视频收获了10万点赞量，视频内容就是一辆有故障的豪车，好几个维修店都说要2万元的维修费才能修好，结果该品牌的汽修师傅经过细心检查后发现，只是某个零配件需要更换而已，结果只花了800元就把问题解决了，网友看完之后既为该品牌汽车维修诚信真诚的服务理念所感动，又敬佩其专业精神。

3. 矩阵引流方法

这种方法一般是指同一个运营者有多个账号互相引流、互相打通，共同提高权重的方法，也就是俗话说的相互扶持的方式。这种方式可以通过着重点的不同，随时变换主体，其他账号变为辅助，共同进退达到引流的效果。我自2021年开始做抖音号时也是做的矩阵，一开始推出20个号，同一天上新，最后通过筛选留下3个主号，分别是"刘建林言商""刘建林讲门店""刘建林说"。

4. 同类型的视频

你的视频主页要呈现出同类型内容，不要东一个西一个的不成系统。如果你一直做同一个领域的内容，客户会发现你是某个领域的专家，慢慢也会成为你的忠实粉丝，甚至还会转发给更多的人。所以，视频页面的内容一定要有新意，但是赛道要垂直，不要全部雷同。我的抖音视频都是讲课的内容剪辑，这样就很好地进行了定位，我就是职业培训师，如果企业有团训的需求，可以直接联系我。

电话营销成功邀约的关键点

电话邀约客户是营销的主要目标，如果邀约非常顺利，那么距离成功交易就更近了一步。所以，销售人员应该学会通过电话邀约客户的一些技巧。

销售的第一个环节叫售前引流，而电话营销又是售前引流非常重要的一种方式，但是现在的电话营销确实不好干，客户一接通马上就把你的电话挂了。所以，你要放平心态，电话营销不是为了马上成交，而是确认客户的需求，能顺利地加上客户的微信就是胜利，这里利他、兴趣、痛点是关键点。

电话邀约说话要简单明了，不要占用客户太多的时间。邀请电话要力求短小精悍，只要能达到成功邀请（非成交）的目的就行了。因此，在与客户通电话时，销售人员千万不要太啰唆。你可以先对客户说"两分钟的时间"。客户通常会认为仅仅是两分钟的时间，听听也无妨。

卖手成交思维

利用电话营销，需要注意如下要点。

1. 利他

销售人员在打电话时，要学会站在客户的角度去思考，激发客户的痛点和兴趣。比如，2004年我刚开始做销售的时候，是卖广交会的广告位，我给客户打电话的时候总是会说："张总，我耽误您一分钟时间跟您推荐个事，过两周就要开广交会了，这里有一份广交会资料，是关于所有参加本次广交会国外厂商的名单，非常珍贵，请问您需要吗？"这个时候客户一听到有所有参加这场会议的国外厂商的名单与资料，一般都会感兴趣，会说："那你可以发给我。"接下来我就告诉客户："因为资料比较重要，如果您方便的话，我明天上午可以亲自把这份资料送到您的公司，不知道您明天是否方便？"这时有一部分客户就会答应可以上门约见。所以，电话营销的关键就是抓住客户的兴趣点，然后加微信，或者约上门。同样的方法，卖房子的可以给客户说一些优质地段，新开盘的楼盘介绍和不限购政策的解读等资料可以给他们做参考。

2. 声音

声音会出卖你。客户能听出来你有没有笑，站着还是坐着。不妨站着打，气壮。如果坐，也最好只坐椅子的三分之一处，不要靠在椅背上。想要自然的笑容，可以摆一面镜子。镜子中的笑容对了，声音也就对了。而且，声音需要靠近客户的频道，语速、语调越和谐，两个人越容易达成共识。有一个品牌公司给我打电话，说下半个月要举办一个大客户内部认购会，认购会上所有的产品价格是全年最低价格。声音坚定不容置疑，我很快就接受了他们的邀约，还加了微信。

我们要求所有我们培训的公司的员工给客户打邀约电话时，必须身穿正装：男士要打领带，女士要系丝巾。为什么电话那头的客户看不到我们，我们还要如此重视个人的形象？因为虽然客户看不到，但是我们自己的形象要符合上班的状态，我们可以通过声音把这种饱满的状态传递到客户那里，感染到客户。

3. 免费

一般客户在听到你在电话中说免费的时候还能停留几秒钟，所以免费是个很好用的神器。我有一个客户是做亲子教育的。他们给客户电话邀约的时候说："张姐，我们品牌在下周末，就是周六晚上 8:00 会举办一场免费的亲子活动，这个亲子活动我们一个月才举办一次，这次我们想邀请你。如果你感兴趣的话，我可以把亲子活动一些具体的资料跟活动信息发送给你，方便加一下你的微信吗？"一般免费活动的邀约可以打给女用户，因为她们中时间充裕的人占比更高，更容易参加活动。

4. 时间

不要问客户"您什么时候有空"，客户要是回答"我最近都没空"，这话就没法接。也不要问"您是明天有空还是后天有空"，太急，客户可能都没时间。比较合适的问法是"您是这周有空还是下周有空"，再忙的人两周之中总有可能有一天是有空的吧。如果答案是"下周"，可以接着问哪天，这样比较自然。

5. 活动

电话邀约成败的关键点在于是否切中了客户的切实需求。如果你是卖瓷砖的，你打电话问客户需不需要瓷砖，客户肯定回答不需要，因为给他打电话的人太多了。我的客户——某瓷砖品牌在福建安溪的代理商做得就非常好。他先是拿到了潜在的装修客户名单，然后打电话说周六晚上有个免费的亲子活动——磨瓷砖大赛，是厂家举办的免费活动，只有带小孩的才有资格参加，名额就只有 30 个，参加还可以送 50 元现金奖励。他们每次活动邀约效果都很好，客户都愿意周末带小孩参加磨瓷砖大赛。当然，比赛不是目的，卖瓷砖才是目的。在每次亲子大赛的结尾，他们老板都会上台介绍瓷砖的优惠套餐，结果签单者络绎不绝。所以，邀约一定是以好的活动策划为基础的。

最后给所有电话营销的伙伴提个醒，打电话的时候千万不要用免提，因为你只要用免提，周边所有嘈杂的声音客户都能够听得见，这样的话，客户很有可能一接电话马上就把你的电话给关掉了。所以送大家一句话：电话营销不要怕辛苦，它是有概率的，你只有加到更多的客户的微信，你才有更高的成交率。

为何门店客户会流失

有些门店抱怨，明明自己的产品挺好，服务也不错，为何老客户慢慢就不来了呢？门店客户流失的原因多种多样，但归结为一点就是客户对产品与服务体验感没有进步。这是一个无体验不消费的时代，客户不但追求产品好、服务好，更重要的还要省心省力。

我跟我服务过的企业常讲的一句话，办企业也像升级打怪一样，你必须不断优化和改善自己的服务流程，给予客户更好的体验感。以我个人的感受为例，之前每年给爱车做年检都感觉特别麻烦，各种表格要填满，还要拿着行驶证、身份证，然后去各个窗口排队。表格手续办完，又要过去排队验车，验完车以后又要回来坐在那里等，等完以后又要去交钱，交完钱以后要取车钥匙，以前没有两个小时根本完不成。现在去验车的时候我发现只要直接扫一下二维码，把行驶证、身份证和车钥匙一起给工作人员，也不用排队，到另一个有空调、有水的地方等着就可以，一杯茶的工夫就全部搞定了。几乎用不了半个小时就验完了车，把钱一交，马上开着车就走了。所以说，现在验车就属于"一站式验车"。

如果做选择，有个地方验车需要两小时，还要各种排队查验，流程十分烦琐，而有个地方验车只用半小时，十分省心，你选哪一个？肯定是选后者，而前者那种不让客户省事的地方一定会流失老客户。根本原因就是没有简化流程，给客户的体验感不好。

要想做到让客户的体验感增强，从哪个地方下功夫呢？

1. 关注服务结果，重视首问责任制

首问责任制就是第一位接受来访、咨询或接待办事的工作人员，客户提出的咨询、问题或要求无论是否在自己的职权范围内，都要给予客户以必要的指引、介绍或答疑，使客户最为迅速、简便地得到满意的服务。比如，一家实体店，无论你是销售人员还是老板，只要遇到客户进店，都应该第一时间接待，并尽可能亲自帮助客户解决问题或引导客户去能够解决问题的地方。

这一点可以通过神秘客户打分的形式进行落地。例如，公司可以把需要员工达到的服务标准做成手册，然后安排神秘客户进行打分，把分数与团队的工资挂钩，让所有的人都重视服务质量。

2. 学会说客户爱听的话，提升主动服务

客户体验中最怕客户觉得自己被否定，所以，销售人员如果服务客户时习惯性地去否定对方肯定不行，更不能与客户产生争论这种现象。在服务过程中，任何像"不能""不会"和"没有"这样一些微小的否定词往往会引发客户的抵触情绪，因此，公司应训练客服代表们学会委婉的措辞。员工要有主动帮助客人的行为。尽管你不一定能帮助客户解决问题，但因为你的努力和主动的服务态度，客人也会减少不满或予以理解。

卖手成交思维

3. 要像对待 VIP 一样，对待任何一个客户

其实每一个客户都是潜在的 VIP，都是有个性和不同需求的人。所以，我们要看到客户的终生价值。卖保险的销售人员认为自己就是卖保险的。错！你是在经营有钱人群体。卖房子的人认为自己就是在卖房子。错！你是在经营有钱人的群体。做美容的技师认为自己就是在卖护理套盒。错！你是在经营有钱人群体。所以，销售什么不重要，关键是你要意识到你是在经营人，特别是你在经营有购买力的人。只要把人经营好，特别是把有钱人经营好，你今天可以卖他们房子，明天可以卖他们车子所以产品不重要，人才重要。

4. 想尽一切办法改进流程，节省客户时间

我始终认为最好的服务就是加快效率，而加快效率最好的方法就是改进流程。

例如，我在点餐的时候，商家能否让我排队的时间缩短一点，上菜的速度能否快一点？而所有的效率的改善都依赖于流程的改善与信息化系统的导入。原来购票需要到窗口，现在用 App 软件就可以订火车票了，这就是导入信息化后工作效率的提升。

5. 品质一定要稳定

留住老客户最重要的一点就是要保持品质的稳定，这里不讲创新，不讲进步，就讲稳定。很多品牌做着做着品质就下降了，为什么呢？因为企业大了，团队里的人多了，内耗增加了，老板有其他想法了，所以就没有人在乎品质了。创新的前提是保证品质。10 年来我为什么一直受到企业的欢迎，因为我的授课品质一直"在线"，我有一句座右铭：我要把我的每一堂课当成最后一堂课来讲。

所以，推己及人，我们希望自己能得到什么样的待遇，就应该给客户什么样的待遇，这样才能打造好的客户体验，才能保证老客户不会流失。

如何帮助加盟商提升销售业绩

总部与加盟商之间不是领导与下属的关系，总部需要去指导和帮助加盟商去实现提升和改变，最终实现共同盈利。

有一次在乌鲁木齐培训，我现场提问如何回答客户的各种疑难问题，比如，客户问："你这个服装品牌我怎么从来没听说过呢？"你应该如何回答？这时，有位学员自告奋勇地说："品牌多得数不清，你怎么可能每一个品牌都听说过？"我心想：完蛋了，这属于典型的门店"杀手"，估计客户听完扭头就走了。

这位完全是直线思维的学员，他认为自己没有错，他在伊犁做服装生意，从乌鲁木齐拿货。总代理在乌鲁木齐，他属于伊犁加盟商。总部负责发货，至于这个服装怎么卖，总代理方面从来没有教过这个加盟商，只是把货直接发过去，接下来把所有的问题就交给这位开店的老板。可以想象，如果加盟商能力强就卖得好，能力不强的话，生意就做不下去。这个看似是加盟商的问题，实际是品牌的问题。尤其是生意做不下去的加盟商，他们反过来会抱怨加盟了一个亏钱的品牌。这样他就会告诉更多的人自己加盟的这个品牌不行，时间一久，总部和品牌必然受到牵连。所以，品牌如果要发展加盟商，一定要统一管理，即使没有大量的时间进行细致入微的管理，也一定要在加盟商开业的前几天由总部抽调销售精英或聘请专业的辅导老师对加盟商的销售进行指导，让他们从"杀手"变成

"卖手"。

当他们找到我做培训时，我才知道他们的总部在杭州，总部当时选择乌鲁木齐作为新疆地区总代理的时候也没有进行系统的培训，导致分公司也不会给下面更多的加盟商做正确的培训。后来我联系杭州总部才发现，他们只负责生产服装，而不懂营销。因为他们不是开店的，只是负责服务设计、生产和配发。后来，我把他们的服装设计、配发、分公司、分销售等部门负责人全部集中在一起，系统培训了七天，让他们明白了渠道的价值，每个人都是这个品牌打造销售流程上的重要一环，哪个环节做得不好，最终影响的都是品牌的声誉。

在消费升级的背景下，一个产品能不能打动消费者，除了产品的质量外，还有体验、设计和服务。夯实终端建设基础，加强导购加盟商的专业素质，提升终端门店运营管理水平，是品牌在终端持续发展的基础，也为经销商拓展了成长空间。

"帮助经销商共同成长"应该成为品牌加盟的承诺。从装修支持、广告宣传、开业活动、线上推广、线下帮扶到店面运营管理，任何品牌总部对经销商的支持体系，都要贯穿经销商开店全程，竭尽全力让每个经销商得到快速成长，并持续为经销商做强市场提供帮扶。

总部提供好"产品"帮助经销商赚钱，是产品赋能；总部提供知识帮助经销商赚钱，是知识赋能。这种知识赋能可以积累，后来的模仿竞争者很难取代，就像一个患者一旦熟悉了某位医生之后，自然总是来找这位医生，形成一定程度上的忠诚度，双方理解程度越来越高，别的新医生则很难取代。那么，谁来给经销商提供这些知识赋能呢？若是厂家来做这个知识赋能的提供者，最终的受益者必然是厂家和品牌。

要达到门店盈利的目的，一方面，要帮助经销商培养素质全面的门店精英。授人以鱼不如授人以渔，终端赋能大多都是通过系统专业的培训来实现的。另一方面针对终端培训，品牌要专门建立企业商学院或组建培训团队，邀请专业导师制定产品、销售、设计、管理、服务等课程知识，并通过线上加线下的方式培训经销商及销售团队。

"最后一天大甩卖"的销售秘密

我们经常看到不少店铺在醒目位置写着大大的"甩卖"字样，并且是"最后一天大甩卖"，客户走过、路过往往会被触动。人总是抵御不了大甩卖的诱惑。这是商家在做一种促销活动，比如"挥泪大甩卖""卖完明天就闭店"之类的。

虽然是"最后一天"，但一个月以后该店还存在，半年以后依然存在，甚至这样的销售手段一用就是好几年，店铺依然不会倒闭。

前几年"我给"运动品牌做辅导，先到他们的门店进行观察，看到他们就是用这种手段进行促销的，据说每天进店的人还不少。当时销售人员把我当成客户对我说："现在我们是最后一天搞活动，8折，错过今天再也买不到这么便宜的鞋了。原价360元，打完折288元，拿上一双吧，看这质量和做工、款式，到哪里都找不到这么低的价格，买到就是赚到。"我要不是假扮客户，有可能就被销售说动心，买下了。

第二天他们老板陪我到店里，我看到昨天那个小伙子，就上前问他："你不是说昨天是最后一天，为什么今天还是最后一天，到底哪天才是最后一天？"小伙子任何尴尬的表情都没有，很热情地跟我说："您是昨天那位大哥吧，您是不是觉得昨天没买后悔了，今天又过来了？幸亏我们老板

卖手成交思维

说库存不少,活动又延长了一个星期,要不您可真就错过了。"我笑了笑,明明他们就不是最后一天,却很巧妙地用话术打消了客户的顾虑。后来他知道我是老板请去的销售培训老师,就非常诚恳地跟我说,这是他们店的一种促销手段,常年8折。由于我的职业习惯使然,就不甘心地接着问他:"假如我是买了鞋的人,过了三个月又来你们店,发现你们店还在搞活动,找你们质问,你该如何应对呢?"他说:"不瞒刘老师,这样的客户还不少呢,有的路过进来就问当时买的时候说是最后一天打8折,结果现在还是8折,这不是在骗我们吗?我就说,今天真的是最后一天了,您的鞋穿了几个月已经旧了吧,要不今天再换一双新鞋吧,这么便宜的价格。"

后来老板跟我说,这个小伙子的销售业绩很高,因为他"脸皮厚"敢说话,什么样的客户都能应付得来。

"最后一天大甩卖"的促销方法很多商家都在使用,这是一种普通又好用的促销方式。

对大部分大型的零售商来说,他们需要为新产品腾出空间,有时候制造商也会利用清仓销售的方法来进行最后一天清仓甩卖促销活动。但对小型商店来说,清仓意味着"没人买它,所以白菜价甩卖啦"。所以,会有一些质量好、价值高的产品卖得并不是很好。其中可能有以下几个原因。

第一,没有突出产品亮点。普通的产品已经很难打动消费者,即使你的产品不太出众,也要使劲"炫"出亮点。

第二,产品即使打折价格也偏高。这种情况下,客户还是没有感受到"便宜",所以不太容易卖出去产品,要推出几个主打款专门来打折,以吸引客户来了解产品。

第三,虽然是大甩卖,但也不能甩成白菜价。产品价格太高没有人过问,如果太低同样会让客户认为是产品质量不行。

第四,给产品标明详细的信息。你必须让客户感觉到产品简单不用费心思，让他们一看就知道产品是什么、怎么用、可以解决什么问题，这些可以通过文本宣传或图像视频等手段来体现。

如何进行有效的大甩卖呢？

1. 少量多款

选择甩卖的货物不能一次性投入太多，少量的策略既可以帮助我们根据货物的销售额来判断下一步的选择，也更容易对其他货物做出调整。另外，少量多款也能让消费者感觉是真正的甩卖，起到更好的消费心理刺激作用。

2. 用折扣进行诱惑

商品折扣是店铺的门面，客户看到外面张贴的优惠海报是刺激客户进店的主要原因之一。双重优惠能刺激客户的购买欲，起到更好的促销效果。此外，商家也可以进行捆绑销售，比如，买某件商品送某件商品等。

3. 在大甩卖期间，可以进行一些海报或门面色彩的设计

人都是视觉动物，促销用的颜色要尽可能吸引人。比如，明亮的红色、黄色等，能给客户带来感官上的刺激，用点缀色来强调商品的重要信息。

合伙是销售的另一种打法

中国这几年有两个品牌发展的速度非常快，第一个品牌就是华莱士，现在有20000多家门店，第二个品牌就是我们熟悉的百果园，主做生鲜，它现在全国有8000多家店。这两个品牌这几年发展得非常快，但是不谋而

合的是他们都采用了同一种模式叫门店合伙制，注意：他们采用的不是股权激励，是在门店这个层面，采用合伙制在推动运营。

所以，我们总结了一下，这几年连锁企业都非常热衷用这种机制在推动整个行业的发展，更关键的是，这种合伙制的风险比较低，效果也比较不错，所以我建议大家都可以大胆去尝试。那门店合伙制到底怎么来做呢？在了解这部分内容时，可以把门店合伙制的类型放在一起来理解。

1. 单店合伙模式

单店独立运营。一般店铺之间的距离较近，在某一个区域内不同的街面进行合伙，如果门店相距太远或太近都不适合合伙。一般合伙的店铺规模较大，收入能够支撑店长合伙人获得2~3倍的收入，这样才适合合伙。

2. 联营合伙

总公司出货和进行统一管理，门店合伙人出钱，实行分开账目联合经营的模式。母婴店、服装店、便利店等以零售为主的行业用此模式的较多。出货的时候公司向门店合伙人收押金，走公司账户，采用分账系统。管理的事情由总部来做，门店每天晚上把营业额的一个比率作为投资收益打给总部。比如，名创优品就是这种合伙模式。

3. 老带新师徒制合伙

将老成员利益进行关联，激发优秀员工培养新人的积极性。该模式一般用来内部培养人才。该模式避免了连锁型企业扩张时缺少人才的问题，用内部人才输出的方式支撑着企业的持续发展。店长业绩考核排名靠前，可以拿3%的分红。如果店长培养出新店长并符合标准，可以在新店投资入股5%。如果一名店长培养出5名新店长，成为区域经理，再开新店时，可以在新店投资入股8%。如果新店长成为片区经理，独立负责经营，此时可以获得新店投资入股20%的权利。

4. 卖店模式

这是一种先开店，把店经营到赚钱的时候，再卖给别的投资者的模式。比如，麦当劳、肯德基就是这种操作模式。卖店模式一般是直营店规模保证现有市场地位的打造，形成较强的品牌力，为抽调或调整资源进行模式创新，让资产更轻，盈利能力增强。

5. 对赌模式

对赌模式是门店合伙人投钱对赌门店业绩增长，并制定不同层次的增长目标和完成目标的奖励机制。对赌模式主要作用是在短期内提高门店人员的积极性，提升门店业绩。对赌模式对于员工的激励作用较强，但频繁使用容易增加员工压力，具体操作时不要超过2次，每次不超过15天。此外，要统一员工思想，重点突出适合于带有销售性质的岗位，其他岗位人员不建议使用。团队所分的小组实力相当的员工进行组合，以便发挥传帮带的作用。同时，每组一名负责人奖励指标要有准确的数据统计，否则无法判定员工的工作完成量。

第八章
先服务自己人，再去拓展客户

通过绩效考核提升销售团队的执行力

无论是传统企业还是时代发展下出现的互联网企业，在管理中，管理者经常会提出一些问题。

如何带领和磨炼销售团队，让他们拥有高效的执行力？

如何调动团队成员的积极性，让他们变"要我干"为"我要干"？

如何帮助团队有效地提升绩效，而不是一施压他们就放弃了？

我相信是很多管理者都会面临诸如此类的难题，企业管理者如果能有效调动销售团队，那就相当于一个带兵打仗的人可以有效调动千军万马。

为了激励团队，不少企业和管理者都在制度上下功夫，各种罚款和制度层出不穷，而这种方法大部分都会以失败告终。因为人性都有弱点，勇夫都是在重赏之下产生的，企业员工同样如此。因此，如果没有一套行之有效的机制，是很难撬动"人性弱点"的。

我辅导过几家企业，他们的相同诉求就是提升团队执行力。2021年，台州某瑜伽店的老板问我："刘老师，我每次在月会上交代了很多事情，我们下面的区域经理跟店长根本没执行，把我的话当作空气一样，没有人去听，我们团队的执行力太差了，怎么办？"我给了他一个解决方法——数据化反馈。

比如，在月会老板上跟员工讲，下个月店里要开始做地推，但地推要有目标、有考核，比如，每天加5个陌生客户的微信，这是一个硬性指标，可以放在绩效考核里。如果达到了就打个钩，如果没达到就打个叉，这样等员工的考核分数出来后，把这个分数、绩效考核数与他这个月的工资相挂钩，这就叫数据化反馈。员工没有做到既定目标、没有达到考核标准，那么收入就会下降，这样一来，员工的执行力就会被激发。而绩效考核又与常见的5~6项指标挂钩，比如销售额、客单价、加客户微信数量、每天引流卡的销售数量、话术的通关，等等。

关于绩效考核需要注意的是，员工要的不是被考核而是被激励，考核是工具，激励才是绩效管理的灵魂和核心，如果只考核而忽视了激励的话，会导致员工反感和排斥，反过来，如果没有考核而只有激励的话，老板也不愿意。因此，绩效管理应该把激励和考核协同起来，融合运行，激励第一，考核第二，只有公司替员工着想，员工才会为事业、为目标拼命。

有不少人问我："刘老师，我们企业也想设计考核制度，之前没有进行过考核制度设计，现在要考核工资如何设计呢？如果太多企业成本会增加，太少的话对员工又起不到激励的作用。"

其实，考核基数不论大小，重点是要用数据来量化，比如，增加一个1000元的绩效考核工资，考核满分为100。如果能达到90分以上，那么就会多得1000元。如果考评分达到80~90分，就只能得到1000元的80%就是800元。如果只能达到70分，那就只能得到1000元的50%，也就是500元。如果连70分都没有达到，那么就拿不到绩效工资。这只是一个思路，因为一个企业的考核体系绝不能只有1000元的绩效工资，而是与分红、年终奖、提成等挂钩，员工达到哪个分数段就领取哪个分值段对应的百分比收益。所以，真正的考核不仅跟工资相挂钩，还可能跟底薪、提成相挂钩，甚至跟年终分红、年终奖相挂钩。

很多企业羡慕那些可以根据考核制度来激励员工的企业，这些企业的

卖手成交思维

员工做事很积极、效率高，同时干的活儿多也不抱怨，并且离职率还低。原因就是人家的考核机制设计得好。

我们以其餐饮界企业为例，该企业的考核设计更偏向于过程考核，为此该企业专门制定了五色卡标准进行考核，该企业把整个考核过程分为五个颜色卡：红卡、黄卡、白卡、绿卡和蓝卡。红卡是服务，黄卡是出品，白卡是设备，绿卡是食品安全，蓝卡是环境卫生。黄卡、白卡、绿卡和蓝卡是可以被量化的，只有红卡服务是非常难被量化的，所有红卡考核只有服务的态度和速度，分为上菜速度、买单速度和出现客人投诉处理的速度。怎么考核？该企业的考核体系全部都是由上级考核下级，店长的直接上级会随时去店中巡查，而考核的方式，主要是看客人的满意度、员工的仪容仪表、工作状态，等等。该企业也是靠打分来实现考核的如何打分？考过之后就要打分，每个区打的分值不一样，采用绝对值的方式，将结果划分为 A、B、C 三个等级。

考核分数出来之后，我们发现该企业每个店的分数都在上涨，因为大家已经跑起来了，相当于大家在互相竞争，当不知道分数排到第几才会赢时，员工就会努力地提高绩效的分数。绩效考核的高明之处就在于它已经把管理者的管理思路变成每个员工的自觉行为，让员工都积极自觉地去达成高要求。

企业激励全体员工的目的是公司的发展让大家齐心协力地参与经营，在工作中感受人生的意义和成功的喜悦，实现"全员参与的经营"。

内部竞赛可以激励销售团队，让其知行合一

学习销售技巧的途径很多，自学或跟老师学都能学到一些销售方法，但最终能不能派上用场，关键在人。销售知行合一。

我常跟辅导过的企业学员们强调，看老师的视频也好，听讲课也好，这些仅仅是"治标"，只有把老师的方法内化成自己的东西才是"治本"。我既教给他们课程知识的理念，又教给他们操作工具和实操方法，同时还要求他们把学到的话术进行背诵和内化，最后利用写作话术的模板形成适合自己的销售话术。

我毕业后做的第一份工作是在香港环球资源公司（Global Sources）销售广告，那时的我啥也不懂，就只能凭着勤奋，疯狂地跑客户，别人跑一家，我就跑十家，然后晚上复盘。我做了一个很长的表格，里面标注着客户名字、性别、年龄、喜好、用什么产品、对产品的反馈、售后服务，客户所属的潜在阶段、意向阶段、谈判阶段、成交阶段，每个人所属阶段都标示清楚，然后再跟销售主管去沟通。就这样我每天跑客户、复盘、自己内化，最终成了一个销售高手，现在又成了一个专门辅导销售的讲师。

其实，每个销售人员管理的都不止一个客户，成单周期也有长有短，客户特征参差不齐，时间一长，销售人员手中必定会产生客户堆积。对企业而言，销售业绩就是王道，是企业健康成长的根本，市场瞬息万变，哪个老板愿意花时间去等待一个销售成长呢？所以，真正的销售精英都是在

卖手成交思维

背后默默努力，只有真正践行知行合一才能脱颖而出。

公司要想让员工做到知行合一，就离不开好的激励方式。比如，内部竞赛和对赌就是销售常用的激励手段。

具体怎么内部竞赛呢？举个简单的案例。

老板号召所有员工每人拿出1000元（需根据企业实际情况）去玩个游戏，总共有20个业务员，老板自己拿出3000元去参与游戏。游戏设置了第一名、第二名、第三名；分别设立了冠军组、亚军组和季军组。冠军组可以拿到50%的奖金，亚军组可以拿到30%的奖金，季军组可以拿到20%的奖金。三个组的成员可以自由分配，最好是平均，假设第一组7个人，第二组7个人，第三组6个人，每组成员之间都互相鼓励互相监督（因为数据是透明的）。所有的业务员都努力去争夺第一名，所以他们会群策群力，当冠军、亚军、季军名单公布的时候，本组成员的PK金可以平均分配。

那么，设立奖金的目的是什么呢？一是为了刺激每位成员更有动力去开创自己的业绩；二是可以增进各个成员之间的友谊，通过群策群力，可以加强组内成员之间的交流和学习；三是为企业增加收入。

实施内部竞赛主要有几个好处：一是改变了传统的激励方式，贯穿了整个活动周期，有利于过程的管控；二是能够对优秀员工的贡献进行奖励鞭策落后员工，同时又鼓励了优秀员工；三是荣誉和利益挂钩能充分发挥"传帮带"的作用。

奖金分配以及奖励兑现分为三步：第一步确定员工个人参与的金额，可以把它理解为所有指标都最差的情况下的罚款总金额，可以是平均工资的5%，最高不可超过10%，确定总金额后的金额和团队的金额。第二步需要综合考虑活动周期和员工接受程度；第三步确定团队对赌金额，需要权衡团队对赌金额，多则需要对对赌总金额或个人对赌金额进行调整，而多少才是合适的呢？可以参照当地的消费水平，一般标准是小组成员能够完成一次聚餐就可以了。

奖励兑现有两件事情必须要做好，第一是在兑现时让每一名员工都期待这一刻，第二帮助其分析原因，避免泄气。为了让内部竞赛和对赌机制使用得更加得心应手，我还有四点建议。

一是内部竞赛和对赌对于员工的激励作用较强，但频繁使用容易增加员工压力，可以建议每两个月做一次全员内部竞赛；二是要统一员工思想，重点突出适合于带有销售性质的岗位，其他岗位人员不建议使用；三是团队所分的小组实力相当的员工进行组合，以便发挥传帮带的作用；四是每组一名负责人奖励指标要有准确的数据统计，否则无法判定员工的工作完成量。

当然，不同的企业对于内部竞赛和对赌机制的选择还有一些差别，这个需要企业视自己的情况而定。

成交大单的利器：销售漏斗

什么是销售漏斗？漏斗上方比较宽，下方比较窄，我们的客户就好像进了一个漏斗一样，从上面漏到下面，越往下出口越窄，越在上面，客户的群体越多，越到下面，客户群体就越少，但是此时单体客户的消费金额就会越高。不同的客户，成交的方式跟方法是不一样的，上面基数大、数量多的客户成交的金额也许不多，但越是到了最窄的出口，留下的往往都是优质客户甚至是大客户，所以成交金额就更高。

卖手成交思维

2013年，我刚刚进入培训行业，我合作的其咨询公司在全国有1800名销售人员，他们中的绝大多数都是销售小白，没有经过太多的训练，如果让他们马上去卖100万元的产品，肯定是卖不动的。于是该咨询制定的策略是：小白只卖1000元和1000元以下的产品，因为他们的能力刚刚好卖得动这个价位的产品，假设平均一年卖出去1万份，卖出以后这个团队的任务就完成了，然后开始进入漏斗的第二步。

这个时候，另外一个团队就出现了，就是我们的销冠以及专家团队，他们此时要完成的任务是让这1万个消费了1000元产品的客户成交10万元的产品。那个时候的成交率是20%，当时成交的方法就是会销，把这1万个客户分批邀约到培训会现场。接下来，再往下面漏，到了第三步，这些专家、销售冠军就退出来了，老板出场，在这2000个客户当中，再成交200个大客户（购买100万元以及100万元以上的产品），这部分客户由老板亲自成交。1万个客户购买1000元的产品，2000个客户购买10万元的产品，200个客户购买100万元以上的产品，三个不同的等级对应三种不同的人去成交，这就叫作销售漏斗。

对于销售管理来说，销售漏斗就是一个重要且必需的管理工具。销售漏斗是科学反映销售机会、状态以及销售效率的一种重要的销售管理模型。正确地设置销售漏斗，才能使得销售管理在公司落地，从而对销售团队进行数字化管理，达到更理想的销售业绩。

处于漏斗最上层的应该是初步接洽，这个层面的客户最多，可筛选的机会也最多，大部分的潜在客户都在这一层，可以把这一层的赢率设定为10%。接下来是了解客户需求的阶段，这一阶段确定赢率为30%。从大量的客户中挖掘的精准客户。然后是为这些精准客户提供解决方案，只有匹配对方的需求才能更好地达成合作，这一阶段设定的赢率为50%。然后就到了漏斗的更下层，也就是报价谈判和讨价还价的阶段，这个时候非常考验销售人员的应变能力和话术水平，说得好就能签约，说不好就可能让前面所有的努力付诸东流，这个阶段设定的赢率为100%。

销售漏斗是一个非常直观的销售机会状态统计报表。销售漏斗的意义在于，通过直观的图形方式指出公司的客户资源从潜在客户阶段发展到意向客户阶段、谈判阶段和成交阶段的比例关系，或者说是转换率。销售漏斗的统计数据来自销售机会。管理层可以通过观察销售漏斗的统计情况来分析自己的员工在哪个环节薄弱，以此有针对性地制订策略。

比如，寻找100个目标客户，引起70个客户的兴趣，电话或当面咨询40个客户，让20个客户询价并比较决策，最终让10个客户购买产品。通过销售漏斗，我们可以看到，目标客户购买转化率为10%。

导入销售漏斗以后，管理者一目了然，不再只听信员工，能够更加直观地发现员工的工作状态和业绩情况。把销售漏斗管理好了，才能让业绩管理平稳地实现螺旋式上升。如果销售漏斗管理不好，就会让业绩出现大起大落。

让员工不断成长是最好的激励

一个企业想要激励员工，薪酬和福利是基础，但从长远来看，能够提供一个让员工持续不断成长的平台，才是对员工更大的激励。任何一个员工是否能够在企业长期待下去，主要看两个方面：一是成长和上升空间，二是收入差距。

如果企业没有提供让员工成长和晋升的通道，等于让员工一眼望到底，员工又怎么可能有动力？另外，收入的差距对于员工的激励也非常重要，差距越大动力越大，差距越小动力越小，差距为零动力就为零。一个公司的员工的动力核心来自哪里呢？绝大部分的动力来自收入和收入之间的差距。如果同级同类岗位，A员工和B员工之间的收入差距很小，基本上可以断定，这个工作岗位是没有人会全力以赴的，员工一旦不尽心尽力，老板就会非常操心。

在企业中最为操心的部门、最应全力以赴的部门就是销售部门，因为销售部门的收入差距特别大，他们不是"旱涝保收"，而是靠着能力与营销成功来赢取高提成。所以，销售团队有一个月赚两三千元的，也有赚两三万元的，收入差距拉开，就能拉开员工的斗志。而其他的部门因为没有多少差距，所以员工也会变得比较懒散，干多干少一个样，往往让员工没有多少动力。

企业要做长远，就一定要注重人才的培养，光拉大收入差距还不够，还要把普通员工变成精英，把精英变成管理者，这才是一种持续成长的状态，员工的成长是企业进步与成功的关键。

在员工成长的过程中，管理者可以遵循"147原则"。

"1"指的是一个目标。这个目标就是要把员工培养成能够解决问题的人，只有员工成为能独当一面的人，管理者才能腾出时间。

"4"代表四个原则。一是鼓励员工去解决问题，哪怕方法不对，换个方向再去解决，不要轻易干涉和否定员工；二是有了问题不要轻易问责，更不要放大问题，而是要鼓励员工看看问题出在哪个环节，该如何解决；三是当员工使用一个方法去解决问题，并未成功的时候，要引导和帮助员工找其他的途径和方法，而不是惩罚或苛责；四是把解决问题的有效方法拿出来，让所有员工学习。

"7"代表七个步骤。第一步是创建舒适的工作环境，能够让员工有更好的积极性、创造性去解决问题；第二步是调节员工的情绪，让员工从积极的角度看问题，找到合理的解决方法，帮助员工把目标分解成一个一个的动作，让目标清晰有效；第三步是调动资源，帮助员工解决问题，达到我们想要的目标；第四步是鼓励员工的某个正确行为，但不是那种泛泛的赞美；第五步是让员工对工作的进度做有效的自我评估，让员工找到完成剩余工作的一些方法；第六步是引导员工向前看；第七步是对于在工作中积极解决问题的员工给予奖励。

能够和公司朝着一个方向努力的人才，是企业最大的资本，所以人才的核心问题就是领导力的问题。能让员工不断成长的公司一定是不错的公司，领导也是不错的领导。

那么，具有什么样特质的领导是能够带领员工成长的领导呢？

1. 领导业务能力强

强将手下无弱兵，强将自己就是业务精英，只有做到了强将才能当领导。所以，优秀的领导者，一定要有业绩、有成果、有结果，他的团队要由胜利走向胜利。领导者能够带领大家完成超越，实现业绩上的目标，这个能力非常重要。大部分员工的成长都是在做业绩的过程中经过操练成长起来的，所以领导就是员工的榜样。如果员工跟着你学不到东西，就不会有更大的动力继续留在企业。尤其是新员工，他们进入一个企业的首要目的是学会一些能力，然后才有更大的愿景去赚得更多。

2. 能够给员工归属感

员工喜欢在有归属感的公司工作，大家一起做一些非常有意义的事情，有归属感的公司和领导，不会让员工轻易离开，员工会觉得放弃这样好的公司很可惜，所以领导要有格局，要有"自己吃肉也要给员工吃肉"的理念，有钱大家一起赚，有了困难大家才会一起扛。

3. 领导的价值观

别人为什么要跟着你去拼？为什么要努力？最核心的原因就是大家在做着所有人都认为是非常重要的事情，因为这些事情对每个人都有意义，是不可以妥协的，大家因为有了共同的价值观才走到一起，这就叫价值观的共鸣。

从管理者的角度出发，想让团队成员获得成长，至少应做到赋能、释放、引导、尊重、融合。要能让员工看到蓝图和目标，以激发员工的自主参与意识。管理者还要敢于释放权力，让员工承担责任，只有敢于让员工承担责任，他们才能成长得更快。

辅助销售团队成为事业合伙人

在正确激励员工方面，有一个方法非常管用，那就是让员工从"给别人干"上升到"给自己干"。我想这是很多人都渴望的事情，销售最后成为事业的合伙人是销售人是最终的归宿。用创业机制进行激励，辅助员工成为创业队友。

首先，员工被当成创业队友以后，心就会留在企业，会把自己的力量和价值贡献给企业。其次，员工更加关注盈利，也懂得去管控成本和费用，如此一来，员工的心齐了，个人的收入与团队的利益紧密地结合在了一起。再次，员工不再计较当下的得失，能站在企业发展的高度去做好经营和服务，员工的收入增加了，会为企业创造更多的回报，老板就会较之前变得轻松了，核心人才的流失率也就降低了，如此一来，整个企业就会形成一个正向的循环。最后，员工对于自己的定位也变了，从之前领薪水的打工者变成了一起创利益、分享利益的合作者，从被动的分享变成了主动的贡献。

我从事连锁门店管理已经有 16 年的时间了，我从 2004 年开始以管理培训生的身份进入一家上市公司（零售企业），从事零售的管理。刚进入企业的时候我在仓库里搬货，后来做了导购又当了店长、区域经理，我用了 6 年的时间，从一名普通的管理培训生晋升到一个集团公司 4000 家店的培训总监。所以，在传统的连锁企业当中，各个岗位我都经历过，也深知让一个基层员工通过成长成为合伙人的重要性。

我们在帮企业不断孵化培养他们的店长，但是店长也在不断地流失，所以我们既要把店长培养好，又要想办法把店长留住。我在某咨询公司讲"店长铁军"课程的时候，就意识到这是这个行业的关键问题。那怎么才能留住人才呢？

我们做过调研：终端的门店员工，月工资有 3000 元、4000 元、5000 元不同档，店长的月工资停留在 8000 元。这种条件能不能留住一个店长？答案是很难留住。以深圳为例，如果在深圳，到底多少月薪能留住一个店长？你觉得 10 万元能留住一个店长吗？留不住。事实上，在一线城市，大概 20 万~30 万元的月薪可以留住一个店长。

2018 年，我就开始观察那些优秀的企业是怎么做的，最后发现，这些企业都在用一种方式叫作门店合伙制，即把员工变成老板。通过这种机制，老板得到了解放，员工获得了自驱力和决策力。这就是门店合伙的终极意义，把员工变成门店的合伙人，让他拥有一些投资性的收入，这样才能留住人才。

如果一个销售团队没有合伙制进行激励，那这个团队的工作效率就会比较低，损耗比较大，一家门店往往只能起到半家店的作用，因为大多数门店员工拿的是雇佣制工资，也就是底薪加提成，员工会认为工作是在给老板干，而老板还要派一个团队去监督他们。店员、店长、督导、区域经理、城市经理，上面还有一个大区经理，层层架构的目的是要监督整个团队，让团队好好干活。但是越往上面走，企业的成本就越高，搭建的团队就越多，效率自然就会越低。

最好的一种方式，就是让员工可以获得自驱动，让员工能够当老板，让员工感觉是在给自己干活。这样一来，一家店能不能做出十家店的业绩来？让员工实现疯狂裂变，有没有这个可能性？当然有。

我们要激励全体员工为了公司的发展而齐心协力地参与经营，在工作中感受人生的意义和成功的喜悦，实现"全员参与的经营"。

如果全体员工能够积极参与经营，在各自的岗位上主动发挥自己的作用，履行自己的职责，那么他们就不仅仅是单纯的劳动者，而将成为并肩奋斗的伙伴，并会具有作为经营者的意识。如此一来，每当履行了自己的工作职责之后，员工就会感受到工作的喜悦和成就感。员工就不单单是雇员，而是独立的经营者和并肩奋斗的伙伴，具有作为经营者的意识来有效控制企业成本，达到利润最大化的目标。

把员工当成创业合伙人的模式是把员工变成经营者，让他们有主动权，有参与意识和自主创造的行为方式。这种模式，也代表一种去中心化的趋向。原来的企业有很多中心，所有的领导都是中心，甚至每个员工都有他的上级，这个上级就是他的中心。

这样做企业会变成什么样呢？企业的员工在创业范围将成为担任不同职责的合作伙伴，而不再存在领导与被领导的单一关系。总的来说，企业中将存在三种人。

第一种是平台主。所谓平台主就是说你本来管了很多门店、很多部门，但现在变为通过平台来产生创业团队。

第八章 先服务自己人，再去拓展客户

第二种人是自主经营者。自主经营者可以是一个独立的部门，也可以是供应链上的某一个环节，也可以是个人。

第三种人是正在成长起来的普通员工。这种人为后续再增加一个独立的创业部门做储备。

所以，企业搭建合伙制组织架构的内核是要实现全员参与，实现共同创造价值。让每个人都来创业，每个人都来体现自身价值，从而实现共同创造价值。

未来发展最好的模式只有一条路，就是走合伙制道路。目前有三家企业是这种模式中的标杆。第一个是华莱士，该品牌在全国有2万多家店，这些店全部是直营店，没有一家是加盟店，虽然华莱士在全国有2万多家店，但他的资产一点都不重，因为这2万家店没有一家店是由公司投资的，所有店的投资都来自资金池。店跟公司的关系是特许经营，公司负责管理。第二个就是名创优品，名创优品采用的不是资金池的模式，他在全国开了3000多家店，只有大部分都采取合伙制。名创优品的合伙模式跟华莱士有点不一样，名创优品所有的合伙店里的钱都是加盟商出的，换一句话说，公司负责管理和运营，团队是公司派过来的，最关键的是名创优品全国门店每天收的钱全部打入公司的账号，如此一来，公司就拥有了大量的现金流。

第三个合伙制做得不错的企业是百果园。百果园在整个发展过程当中，采用的是内加盟的模式，所有的店都是团队内部加盟的，其中一个店长出资比例为80%，拓展人员（找店那个人）出资比例为3%，片区管理人员店长的领导，出资比例为17%。

辅助员工成为合伙人有三个角度：第一，公司留不住人，我们要增加店长的收入，所以让他们把钱投进来，除了有工资性收入之外，还有投资性收益；第二，成为合伙人可以提高整体效率，让店长变成老板，让员工变成老板，老板不需要管理，不需要去监督，让员工自驱动地发展下去就行了；第三，未来渠道的发展模式当中也是合伙制，既不是直营也不是加盟，由资金池来出资，合伙人去管店，总部负责收银（包括管理费、品牌使用费、供应链的差价等），这样的话，整个商业模式就搭建起来了。所以合伙制是未来 5~10 年最优的商业模式，也是对员工最好的激励手段。

从永辉模式学习如何提升员工积极性

在一个风和日丽的下午，永辉超市的创始人张轩宁找到了今日资本老板徐新要投资，徐新笑了笑说：你看你都已经亏了这么多年了，你觉得我凭什么会为一个持续亏损的企业买单？

这时张轩宁不慌不忙地说：一是我已经把原来的负责人开掉了；二是我创新了一套超级厉害的合伙人模式和赛马机制。徐新在详细听完介绍之后，果然两眼放光，当场就决定要投资永辉。后来，张轩宁也确实没让徐新失望，永辉在引入这套商业模式之后，仅仅用了 4 年的时间，业绩就涨了 10 多倍，一举成为零售业的传奇。

那么，到底是什么模式这么牛，可以让今日资本的老板徐新惊叹，可以让永辉的业绩呈现连年倍数级增长呢？其实这还要从一个巧合开始讲起。话说有一次，张轩宁在巡店的时候发现一个问题，一线的员工每个月只拿着区区两三千块钱的固定工资，可以说整日一点儿干劲都没有，他们摆放果蔬的时候经常会随意乱丢，结果那些受过撞击的果蔬很快就会变黑，品相也不好看，自然也无法吸引消费者，这些行为严重影响了超市的盈利能力。

张轩宁想就给员工们加薪水，但是立马又觉得单纯地增加员工的工资其实很不现实，就算每个人每个月涨100元，全国一共有7万名员工，这样一年算下来就是8400万元，然而这100元对于员工的激励力量可以说是微乎其微，而且效果肯定会很短暂。张轩宁思前想后决定换一个方法，那么他究竟是怎么做的呢？为了改变现状，张轩宁推出的合伙制起到了非常大的作用。

合伙制，就是把员工变成经营合伙人，只要员工把门店经营得好，就给他们分红。首先永辉总部会根据历年的历史经营数据，提前对分店设定业绩目标，只要门店能够完成目标，增量部分的利润就分给门店50%以上，在不直接增加成本的情况下，这种模式直接激发了分店员工的积极性。

门店的店长在拿到奖金之后，可以根据内部岗位的贡献进行二次分配，员工有资格拿到门店奖金包的70%，课长级别则有资格拿到门店奖金包的13%，经理级别可以拿到门店奖金包的9%，店长则可以拿到门店奖金包的8%。总结一下，就是把每一个员工的利益和超市的经营业绩绑定在了一起，如此一来，员工做起事情来就会非常有干劲。

同时，永辉超市还给团队充分放权，用来激发员工的能动性。比如，员工不仅轻拿轻放果蔬，还会在每天晚上8点主动把当天不是很新鲜的果蔬都低价处理给用户，以此来减少损耗。再比如，员工招聘都是由门店自己决定的，店里只要需要，是可以招很多员工进来的，但是分红却是团队共享，所以团队就会尽可能地减少人数，努力提高效率，这就极大降低了永辉总部的管理难度以及管理成本。

因此，这一招就彻底激发了员工的潜能，为永辉的爆发式增长奠定了团队基础。

未来注定是合伙人时代，其实，目前不仅仅是永辉，还有百果园、海底捞、华为等众多企业都在用这种模式在做扩张裂变，从而占领市场。

很多老板可能会说，我们公司不是开门店的，这套合伙人模式应该借鉴不了吧？其实，这套合伙人模式在所有的公司都适用，因为它的核心作用是最大限度激发员工的积极性，从而降低运营成本，提升运营效率。比方说，我们公司的业务团队用的也是合伙人制，效果非常好。我新招聘来的业务员，前三个月会给他们底薪5000元，再加5%的提成，同时公司会对新人做营销能力以及产品知识的系统培训，这样可以让其中优秀的员工率先干出来业绩，并且赚到钱。三个月之后，我们会给员工一个选择的机会，即该员工可以申请做公司的创业者，创业者不拿底薪，但是提成可以翻4倍，也就是说，提成可以直接提升为25%。在这种情况下，员工既有压力又有动力，如果不出业绩，这个月可能都没饭吃了，如果干得好的话，一年时间可能就实现暴富了。团队中那些有能力的人就会越干越有劲，而那些混日子的人，慢慢就自动被淘汰了。对于公司来说不仅资产变轻了，还可以无限制地裂变，人才管理难度也被极大降低。所以，打通思路很重要，这个模式非常值得借鉴。

员工第一，客户第二

我们都听过"顾客是上帝，顾客永远都是对的"这样的话，这话说得没毛病，因为顾客对一个企业来说就是掏钱的人，所以非常重要。但是为这些上帝服务的人却是企业内部的员工，如果没有员工的付出，顾客又怎么能够感知到被尊重而显得自己尊贵呢？所以，要我说如果将员工和客户，对企业的重要性排序的话，应该是员工第一，客户第二。我们只有照顾好自己的员工，他们才会照顾好我们的客户。海底捞负责人张勇曾说过：其实每个人来公司都是想打工挣钱的，当一个没怎么念过书的员工发现他还可以成为领班成为经理的时候，可能就会迸发出格外的激情，要想留住员工，归根结底还是公司的激励问题，一个公平的、公正的、合理的升迁体系是保证员工愿意干下去的一个前提，除此之外，没有办法。张勇还说过：与其费尽心思地去讨好10名客户，不如去感动自己的5名员工，因为受感动的这5名员工带给客户的服务远不止感动10名客户。

所以，想让员工把企业当家，企业就要去感动员工，员工如果没有被企业感动，就学不会去感动客户。

海底捞曾出过一本书叫《海底捞你学不会》，其中最核心的东西就是海底捞对于员工无论从哪些方面都做得非常到位，一般企业虽然学习了海底捞的管理模式，但也模仿不了海底捞对员工的爱。

海底捞给员工的工资很人性化，总工资包括"基本工资＋级别工资＋奖金＋工龄工资＋分红＋员工基金"。对于先进员工、标兵员工每月都有100~500元不等的现金奖励。一级员工可以享受当月分店利润的3.5%分红，同时还有父母补贴、给每个店长的父母发工资，每月200元、400元、600元、800元不等，子女做得越好他们的父母拿的工资会越多。优秀员工的一部分奖金，由公司直接寄给父母。此外，在海底捞工作满一年的员工，若一年累计三次或连续三次被评为先进个人，该员工的父母就可探亲一次，往返车票费用由公司全部报销，其子女还有3天的陪同假，父母享受在店就餐一次。

在住宿方面，海底捞的员工住在有保洁阿姨的宿舍里，冬有暖气夏有空调，宿舍与门店距离步行不超过20分钟，宿舍都是正式小区或公寓中

卖手成交思维

的两居室、三居室。宿舍内配备了电视机、洗衣机、空调、电脑、网络，并安排专门的保洁打扫房间，工作服、被罩的洗涤外包给干洗店。如若夫妻二人共同在海底捞工作，门店会提供单独房间，享受着不同于"底层"服务员的那种尊贵生活。这样，每一个海底捞的员工都感受到了被尊重的幸福，内心充满感动，所以才会挖不走，才会在工作中热情洋溢地服务客户。

所以，企业要想做大、做强离不开员工的努力，想要让员工努力就要在情感上打动员工，让他们感动。

只有员工感受到被关怀，才能与公司拧成一股绳，去一致对外，产生默契。公司想要让员工去服务好客户，前提是员工在公司内得到了尊重与爱。这不是割裂的两件事，而是一件事的两面——员工对待客户的样子，其实就是公司对待他们的样子。员工是否热爱工作是可以用肉眼判断出来的，显而易见的是，当员工讨厌自己的工作时，也会讨厌自己的客户；当员工热爱自己的公司和工作时，就会给客户提供更加优质的个性化体验。

企业与员工之间的关系与企业与客户之间的关系在本质上是相同的，一线员工最重要的客户是消费者，而老板最重要的客户是一线员工。

阿里巴巴每年都会为员工举办入司周年庆，既是为感谢员工对公司做出的贡献，也是给新员工以激励。员工的周年庆分三种类型，分别是入司一年、三年、五年的员工，在阿里被称为一年香、三年醇、五年陈。公司为这三种类型的员工举行隆重的颁发奖品仪式，并根据员工入司的司龄不同，安排不同级别的人颁发纪念品。"一年香"的员工在大区举办周年庆，与大区全体人员共同庆祝，由经理和总监颁发徽章；"三年醇"的员工才被叫作"阿里人"，代表三年成人，由事业部颁发徽章；"五年陈"的员工则需要到总部领取纪念品，是一枚公司专门定制的白金戒指，代表着双方能够永结同心，共创事业辉煌。这一层层的仪式感让台下的员工牢记在心，充满期待。正因为有这种仪式感，才让所有台上的员工都带着自豪，以入司多年为荣。

所以，当一个企业心里时刻想着员工，把员工当成企业的重要资产来对待时，不用讲太多的漂亮话，照样能起到激励作用，因为人心都是向暖的，企业对员工好，他们是可以感知到的。在一个温暖的公司里，他们一定会积极肯干，不用监督不用管控，因为感受到公司的温暖就是最好的管控。

把销售团队当成战友

随着时代的发展，跨界融合盛行，个人单打独斗的年代早已成为过去。一个人干不过一个团队，一个团队干不过一个系统，一个系统干不过一个趋势。目前的成功方程式是：团队＋系统＋趋势＝成功。一个人可以走得很快，一群人会走得更远！你能整合别人，说明你有能力；你被别人整合，说明你有价值。在这个年代，你既整合不了别人，也没人整合你，那说明你离理想还有很远的距离。如今早已不是"大鱼吃小鱼"的时代，而是"群鱼吃大鱼"的时代。

这样的趋势充分证明了只有共担、共享的团队才有生存的价值，这也是企业文化价值的主要部分。员工不再是单纯的打工者，他们是与企业同进退的战友。

小米、腾讯、阿里巴巴之所以相继成长为市值超百亿美元、千亿美元的互联网公司，今日回看，有一个共同点就是，都拥有实力超群的合伙人团队。

如果把组织比喻成一艘船，管理者是掌舵的船长，员工是一起工作的船员。在这艘船上，大家一起前进，一起直面狂风暴雨，一起努力到达成功的彼岸。所以，在这艘船上的每一个人都需要尽自己的一份力，使这艘船向着既定的目标平稳前进。原始人为什么喜欢联合起来打老虎，而不愿意个体单干？理由很简单，因为一个人单独行动，通常只有输给这老虎一种结果；而众人分工协作，则打败老虎的可能性会极大提高。现代管理同样是这个道理，只有把企业打造成一个利益和命运的共同体，构筑彼此信赖的伙伴关系，企业才能长存并良好发展。

在现实世界里，所有的东西都要落实到利益上面来。实际上，情感也是一种利益，这种利益不是用货币的形式来表达的。为何有人会产生强大的精神依赖？就是因为他觉得这个东西对他有用，他可以得到精神上的好处，因此都是利益。组织就是利益的共同体。天下有没有不散的筵席？只要做到利益不散，这个筵席就不散。如果利益散了，这个筵席就一定散。因此，我们在制定政策时，要照顾到方方面面的利益，至少这个政策不能对方他的既得利益受到损伤，否则，这组织一定处于分崩离析的状态。把员工当成战友就是要一起并肩作战打天下。不要把员工当成家人（当成家人就是只有老板在付出），而当成战友则是一起努力。

比如，海尔模式真正值得企业学习的地方就是把员工当成战友，一起创造辉煌。企业搭平台，员工当创客实现自主盈利模式，把持一个个"小微企业"。海尔一直在组织和管理上有很深的造诣，海尔把几千万人的企业，拆成几千万个"小微企业"，每个"小微企业"都有自己的三张财务报表，通过与客户零距离接触的方式，极大地激发了员工的创造力，带来由下而上的变革。企业成为创业平台，让千千万万的"小微企业"来海尔平台创业，这是一个大跨步和新的尝试。整个企业变成了一个动态的平台化组织，以前的层级结构是一层一层的，主要负责沟通传递，把客户的一线需求传递到顶层,现在则是平台让企业一线的员工团队直接和客户去对接,这样一来,以前上传下达的中间管理层大部分就不需要了,这些人大部分转型为创业项目负责人,还有一小部分直接被淘汰离开了企业。

企业改革后,员工的创业激情有了明显改善,因为他们自己投入资本创业了,角色完全变化,以前是为老板打工,现在自己也是老板。

再比如,在业界,星巴克并不是薪酬最高的企业,其 30% 的薪酬是由奖金、福利和股票期权构成的,中国的星巴克虽然没有股票期权这一部分,但其管理的精神仍然是关注员工的成长。

中国星巴克有"自选式"的福利,让员工根据自身需求和家庭状况自由搭配薪酬结构,有旅游、交通、子女教育、进修、出国交流等福利和补贴,甚至还根据员工的不同状况给予补助,真正体现人性化管理的真谛,大大增强了员工与企业同呼吸、共命运的信心。

这些做得很牛的企业,无不是把员工当成了战友,既带给员工温暖,又带去了激励。

尊重员工的企业才能走得长远

管理学之父彼德·德鲁克曾经说过,组织建立的基础不再是强制力,而是信任。这是人性的本质需求。谁都渴望被信任、被尊重,一旦被尊重,就会激发起内在的动力去将工作完成得更好,如果完成不好怕辜负了别人对自己的信任。对于管理,信任、尊重比强制更有效果,也更高级。

有时候,靠强制管理反而会引起更多的副作用,尤其随着年青一代成为销售战场的主力军，他们更不愿意接受强制，倒是信任能够让他们顺从和服从。一个优秀的管理者，即使他没有对自己的员工制定许多谨严的规约，他也能够让员工顺从，因为他懂得抓住员工的情感和心理方面的变化。只有从"心"突破，才能抓住管理的本质。高级的管理，是对员工给予充分的尊重和信任！只有尊重员工的企业才能走得长远。

很多企业老板在带领销售团队的过程容易犯管控的错误，而不是对团队赋能。管控是老板说了算，赋能是大家说了算。有不少企业家朋友跟我抱怨，现在的年轻员工非常不好管理，他们从小生活环境十分优越，是被"捧着"长大的。如果到了企业得不到尊重就会离职，在他们眼里，对于被尊重的在意大过对薪酬的在意。他们对工作的理解也同之前的人们不同，工作在他们心中的地位跟上一代人有很大的差别，他们工作不是为了生存的需要，不是为了钱，更多地可能是为了开心，为了实现价值。甚至有的时候老板根本就不知道是基于什么原因，员工就会辞职。所以，对于未来的员工，老板仅仅靠严格的制度去管控是很难奏效的，只能给他们尊重、信任，最终让他们感到工作是快乐的，才能留住并激发他们的工作激情。

用制度去管控和对员工尊重、信任，让他们实现自驱动是有区别的。

管控：老板本身态度严厉，公司的规章制度定得非常严格且没有商量的余地。比如，公司规定，每天早上9点必须到公司，如果迟到5分钟，每分钟扣1元，如果迟到10分钟，每分钟扣5元，如果迟到30分钟，按旷工半天处理。下班如果忘记打卡，按早退处理，扣30元。有事要写请假条，如果没有请假条则按旷工处理，扣除3天工资。病假要有三甲医院出具的诊断证明，如果没有则按旷工对待。该公司的员工怨声一片，面对如此严厉的考勤制度，每天迟到的人依然不在少数。同时，人力主管的工作并不好做，经常由于员工请病假却拿不来医院出具的诊断证明，与员工发生争吵，办公场所弥漫着一种紧张又无奈的情绪。

尊重带来的自我驱动：老板管理方式具备弹性，公司的规章制度比较人性化。员工只要把手头工作处理到位，允许迟到早退甚至在家办公。让员工可以自主决定工作时间，决定工作进度和最终的结果。只要员工能够完成单位指定的工作任务，可以以电子通信为手段与单位沟通，不用必须面对面汇报，单位允许员工在家里或在离家很近的其他办公室中完成自己的工作。

可能大家觉得第二种方式太过松散不利于管理，但依我个人对于整个经济社会发展大环境的观察，未来会有越来越多的人不再需要公司，也不是必须早九晚五打卡上班。公司或许是一个平台，每个人都是这个平台的合作伙伴，而不仅仅是领薪水的员工。如果企业能施行弹性的工作制度，能够允许员工自由安排进度，最终员工也能呈现出工作结果，这就是一种赋能，由制度的约束变成了个人的高度自治。我与博商管理学院的合作就是如此，博商管理学院是一个平台，我是超级个体，博商的短视频制作团队赋能于我，我的工作完全是弹性的。

某公司是一个发展非常快的公司，股票的市值在短短几年内就从一美元涨到了350美元，他们的企业文化就是赋能。

在该公司，没有请假制度，员工想要休假，哪天休、休几天，全由员工自己安排。没有人会批准这件事，也没有人会阻止员工做这样的事情。公司鼓励员工跟猎头见面。如果员工犹豫，领导会说：你去，至少问问你值多少钱，以此让他自己去了解猎头的信息。这个公司对于表现合格的员工，也要开除。仅仅做到合格是不够的，必须让合格的人走，这样才能够留下优秀的人。他们的原则是给予员工最高的市场工资，然后提高人才的密度。

这种管理模式的形成源于最初的员工都是一些热血沸腾的年轻人，他们有创造力，有激情和梦想，但就是不喜欢被约束，只要公司给予他们足够的自由和尊重，他们创造出的价值远远比一天八个小时待在公司里要创造的高得多。未来随着互联网的发展，企业中的员工大部分是90后甚至是00后，这些年轻人有个性，自主意识强，对管理者提出了更高的要求。对自主和个性的尊重、机会的提供、赋能与发展空间的需求越来越大。为适应人才的新需求，企业要创造更宽松的环境，管理者要有意识地去做一些尝试和改革。

让员工觉得工作有意义，个性被尊重，这样才能更自主地创造价值；

让员工对工作有一种使命感，觉得努力工作的意义不仅仅是为了钱，这样才能更有意义地创造价值；

让员工拥有不断提高技能的成长环境，并能够让自己的知识和技能跨界整合，有综合作战能力，这样员工才能越干越顺畅；

为员工提供更好的工作场景体验，让员工拥有良好的工作经验，从而激发创新的活力。

能做到这些的企业，就是一个真正尊重员工的企业，而这样的企业一般具备强大的底气与实力，他们不靠强制手段，反而能通过人性化的制度把员工管理得更加有序，让其更有动力。

所以，真正的激励是尊重和信任，是把优秀的人聚在一起，一起做富有成效的事情，而是表面服从，却在假装忙碌，这产生不了效能。

感谢你花时间阅读本书，也感谢你付出努力学习沟通和销售话术。当你想要跟别人沟通的时候，想想这句话说出去的价值是什么？如何让沟通技能变成一个有价值、有意义的传递行为，是非常值得重视的问题。说话不但能改变人际关系，能拓宽人脉，更主要的是通过学习说话变成销售高手，话术决定了销售的成败，运用话术的能力将成为持续变现的能力。掌握了有效的沟通话术，不仅能让你在最短时间成交，还会让你的客户迫不及待，一而再再而三地跟你下订单。

就像我们销售行业流传着这样一句话："买卖不成话不到，话语一到卖三俏。"要成为出色的销售人员，顺利地将产品卖出去、实现成交的目的，就一定要拥有出色的说话能力，也就是话术。

也许你现在还不是销售冠军，也许你现在还没完全学会如何利用话术去做营销，正所谓万丈高楼平地起，基石很重要，希望本书中的诱导、攻心、讲故事、赞美、议价、报价等多个点来阐述在销售过程中的应用，以及书中的销售案例，能够为初入销售行业或做销售已经有实战经验的朋友带去借鉴与支持，希望你们有所收获。

我衷心地希望读者朋友们在读完本书后能够告诉我："我实践了这本书里的某个技巧，竟然真的有用！"同时，我也十分期待某天能够有机会当面和大家交流，或当面听一次大家关于话术使用的心得和经验。